행복은 늘 내 곁에 있어

행복은 늘 내 곁에 있었어

파랑새가 이어준
페이스북 친구 100명이
들려주는
진솔한 인생 이야기

그림 임진순

글 임진순 외 99명

카모마일북스

목차

그리고 남겨 둘 이야기

Prologue

파랑새를 본 적이 있나요?

지난 2018년 여름의 일이었다. 모 출판사에서 연락이 왔다.

"임진순 작가님? 페이스북 그림 잘 보고 있습니다. 우리 책 한 권 냅시다. 그림 에세이 어때요?"
날아갈 듯이 기뻤다.
'드디어 누군가 내 그림을 알아봐주는군. 이런 행운이 올 줄 알았다니까.'

어릴 때부터 글을 쓰는 작가가 되고 싶었다. 드디어 꿈이 이루어지는가 싶었다. 대학생 시절 동아리의 공동저자로 《부끄러운 문화답사기》 등을 출간했지만 아무 것도 모를 때라 인세도 제대로 받지 못했다. 사회생활을 영화 월간지 기자로 시작했으니 나름대로 글쟁이인 것은 맞았지만 뭔가 아쉬움이 많았다. 직장생활을 하는 틈틈이 동화도 쓰고 시나리오도 썼지만 계약만 하고 세상에 선을 보이지는 못했다. 기회가 있을 때마다 아르바이트로 다른 사람의 책들을 윤색해왔지만 재주만 부리는 곰탱이 역할에 신물이 나던 터였다.

오롯한 내 이름 석자가 박힌 책에 대한 갈증 때문에 늘 마른 입맛을 다시고 있었는데 먼저 책을 내자고 연락이 오다니! 취미 삼아 페북에 올리는 내 그림의 가치를 알아봐주는 동방의 귀인이 나타나다니! 하지만 거기까지였다. 해당 출판사와의 인연은 오래가지 않았다. 결국 "우리 다음 기회에 다시 만나 좋은 인연 만들어보아요."라는 이메일을 받고야 말았다.

'내가 그렇지 뭐. 내 주제에 무슨 책이람'하면서 쓴 소주를 마시다가 반성, 아니 대오각성을 하게 되었다. 취기와 부아가 함께 치밀어 오르면서 관점의 대전환이 이루어진 것이다.

'왜 누군가 내게 행운을 가져다 주기만을 바라고 살았을까? 누가 안주면 내가 만들면 되잖아. 출판사가 기회를 안주면 내가 출판을 하면 되잖아. 일단 그림 수준은 출판사를 통과했다. 그럼 그 다음엔 뭐가 필요하지? 글인가? 오케이. 내 페친들 중에 글 잘 쓰는 사람 많잖아?!'

사건은 그렇게 시작되었다. 그리고 이제는 말할 수 있다. 정말 힘들었다고.

지금 생각해보면 꿈만 같다. 기적 같기도 하다. 내가 어떻게 100명을 일일이 상대했지? 퇴근하고 집에 돌아와 밤시간과 주말을 이용해 원고를 수정하는 일은 오히려 쉬웠다. 자신의 원고는 절대 수정하면 안 된다고 하는 사람과 소통하는 일은 그래도 할만 했다. 문제는 직장생활을 해야 하는 관계로 이메일로만 소통하겠다고 공지했음에도 불구하고 시도때도 없이 울려대는 문자였다. 뉴스레터의 공지사항을 읽지 않고 똑같은 질문을 던지는 사람들이 한둘이 아니었다. 원고, 그림 선택, 사진, 주소, 전화번호, 출간 관련 확약서 등등 요구사항이 많기도 했지만 꼭 하나씩은 빼먹고 보내주셨다. 원고가 다 모이지 않아 최종 마감을 미루고 또 미뤄야 했다. 아무런 말도 없이 원고를 보내지 않은 분들도 계셨다. 수고가 많다며 커피 쿠폰을 보내주는 분도 계셨다.

그럼에도 불구하고 모든 것을 끝냈다. 솔직히 위에 쓴 불평불만은 그냥 엄살이다. 다 예상했던 수준 안에서 발생한 일들이었다. 무척 행복한 경험이었고 무척 보람된 일이었다. 참 잘했다고 스스로를 칭찬할 수 있는 도전이었다.

무엇보다 누군가 내게 행복을 가져다 주기만을 기다리지 않고 스스로 찾으러 나섰다는 것이 대견하다. 나의 무모한 제안으로 100명이나 되는 사람들이 아주 잠시라도 "행복이 과연 무엇일까?"라는 질문을 나에게 던지면서, 자신을 돌아봤을 것이라는 상상을 하면 기분이 좋아진다. 또 그 때문에 100작가 주변의 사람들이 행복 바이러스에 감염되었을 것이라는 생각을 하면 입가에 미소가 번진다.

행복에 대한 글을 쓰면서 행복해졌다고, 작가가 되었다는 사실에 또 행복하다고 감사 인사를 보내오는 분들이 많았다. 나 역시 정말 행복한 한 철이었다. 어찌 보면 이 모든 것이 파랑새 때문이었다. 고맙게도 파랑새를 좋아해주시던 분들이 많아서 용기를 내게 되었으니까.

그런데 혹시 실제로 파랑새를 보신 적이 있는가?
궁금하지 않으신가?

2019년 5월
100작가를 대표하여 임진순

1

별보다
꽃보다
빛나는

토독토독 비마중

74년생 ⌒ YJ Chang

“엄마, 저는 비 오는 날이 참 좋아요.”
우산을 쓰고 집 근처에 잠시 나갔다 온 아이가 소맷자락에 묻은 비를 털어내며 말했다.
“오, 그래? 어떤 점이 그렇게 좋아?”
“토독토독 빗방울이 우산에 부딪히는 소리가 듣기 좋아요. 저, 잠깐만 또 나갔다 와도 돼요? 그 소리가 또 듣고 싶어요.”

세찬 비가 쏟아지면 우산 없이 거리로 뛰어나가던 시절이 있었다. 지나가는 사람들의 시선 따위는 상관이 없었다. 타닥, 탁, 투둑, 툭. 아프도록 세차게 떨어지는 빗방울들을 온몸으로 흠뻑 맞는 것이 그렇게 좋을 수가 없었다.
대학 입시 실패에 따른 1년 간의 재수 기간 동안 쌓여만 가는 스트레스와 두려움도 빗물에 꽤나 씻겨 내려갔던 것 같다. 흠뻑 젖은 채 학원 강의실로 돌아와 앉아있다 보면 마음이 조금은 차분하고 고요해졌으니까.
그러나 삶의 어느 지점부터는 비만 오면 어김없이 우산을 펴기에 바빴다. 우산 없이 걸어 다닐 때면 날아오게 마련인 사람들의 시선을 무시하지 않을 자신도 없었고, 비에 젖어 돌아온 다음 뒷수습하는 것도 귀찮아졌으며, 무엇보다 더 우울해질 것만 같았다. 어쩐지 나 자신이 초라하게 느껴지거나 마음이 더 암담해질지도 모른다는 겁이 들었던 것이다.
폭우에 가까운 비가 방향을 바꿔가며 마구 쏟아지던 어느 날. 퇴근길에 잠깐만 우산을 쓰고 걸어서 집에 도착한 어느 날이었다. 문가에서 신발을 벗던 나는 그 자리에 주저앉아 울어버렸다. 비에 젖지 않으려고 기를 써가며 우산을 이리저리 바꿔 써가며 왔는데도 바지의 절반이 젖어버렸다는 게 이유였다.
여러 일들로 숨 쉬기 힘들만큼 매일이 힘들었던 그 시기, 젖은 바지를 핑계로 폭우 같은 눈물을 쏟아내면서 맘 한 켠에선 그렇게나마 울 수 있게 만들어준 비가 고맙기도 했다. 하지만 그냥 거기까지였을 뿐, 다시 비와 친해질 일은 오랫동안 없었다.

창 밖을 본다. 빗줄기가 굵진 않다. 아이는 아직도 내 대답을 기다리며 나를 바라보고 있다. 아이의 눈을 보며 잠시 머뭇거리다가 말한다.

"같이 나가자."

우산을 챙겨 집을 나서며 생각한다. 오늘은 아이가 좋다는 그 빗방울 소리를 들어보자. 아무도 가르쳐주지 않았으나 혼자 터득한, 비를 즐기는 아이의 방법을 오늘은 내가 따라 해보자. 피하지 않고 조금씩 다시 비에게 내 안의 자리를 내주고, 그것에 익숙해지면 우산을 살며시 치워보자. 우산으로 비와 나 사이에 굳이 벽을 세우려 하지 말자. 예전처럼 내 얼굴을 타고 흐르는 빗물의 움직임을 느껴보는 일에 잠시 도전할 수 있을지도 모른다. 그 옛날 그때처럼 나를 내던질 수는 없겠지만, 그때 느꼈던 자유로움과 후련함을 아주 조금이나마 다시 느껴볼 수도 있다는 생각에 가슴이 살짝 두근거린다. 비를 맞으러, 비를 맞이하러 나가는 내 두 발의 속도도 살짝 빨라진다. 토독토독 가슴이 뛴다.

나는 파랑새 입니다

73년생 ⌒ 고영주

파란 하늘을 훨훨 날아다니는 것을 사랑하는 파랑새입니다.
잊고 있었습니다.

레인보우 선생님을 만났습니다. 선생님은 빨.주.노.초.파.남.보의 깃털을 획득하면 성공한 삶이라고 알려주셨고, 나는 최선을 다해 무지개색 깃털을 획득했습니다.

도깨비 선배를 만났습니다. 무지개 색보다 금색, 은색 깃털이 중요하다고 알려주었습니다. 또 다시 최선을 다해 금색, 은색 깃털을 획득했습니다.

나의 몸은 화려한 깃털로 무거워졌고 사람들의 시선에 으쓱했습니다. 나는 참 멋진 새입니다. 화려한 깃털을 뽐내며 걷던 어느 날, 커다란 벽에 쾅!

아무리 최선을 다해 앞으로 걸어도 벽에 부딪쳐 걸을 수가 없었습니다. 날아 보려고 해도 날 수가 없었죠. 무엇이 잘못된 걸까요?

화려한 깃털을 하나씩 뽑으며 처음으로 나의 내면과 마주하기 시작했습니다. 그렇습니다. 나는 파란 하늘을 사랑하는 아주 작은 파랑새입니다.

'푸드덕' 서툴지만 아주 작아진 날개를 움직여 봅니다. 힘겹게 힘겹게 막힌 벽 위에 올라가자 더 넓은 새로운 세상이 보입니다.

나는 파랑새입니다.

하루를 열심히 살다 보면

98년생 ⌒ 곽예신

평소와 같은 해가 저물어가는 7시. 집에 걸어가며 하늘을 바라보았다. 저기 큰 산 너머로 넘어가는 노을과 쓸쓸히 해를 보내주는 나무들. 왜 우리는 제각기 다른 저 나무들이 서로 어울리는 것처럼 하나로 섞여 하나의 목표를 바라보지 못할까?

나도 예전에는 다른 사람들과 어울리며 생사를 같이 했다. 지금은 아니다. 저기 들판에 어둠이 밀려온다. 나는 나무를 뒤로한 채 들판으로 걸어갔다. 내 마음속에는 어둠과 빛이 공존하고 있다. 지금 내 마음은 저녁과도 같다. 내 마음속의 어둠이 멀리서 나를 바라보고 있다. 점점 가까워질 것인가, 멀어질 것인가? 난 모른다. 어떠한 방법으로 찾아올지도 모르겠다. 어둠이 날 행복하게 할지 불행하게 할지도 모르겠다. 내가 행복한 인생을 사는지 불행한 인생을 사는지도 모르겠다.

중요한 건 지금.
하루를 열심히 살다 보면 저 어둠마저도 나에게는 행복하게 다가오지 않을까 하여, 열심히 살아보려고 한다는 것이다.

앞으로의 삶

00년생 ⌒ 곽의신

내 인생 마지막 10대
아직은 그 마지막을 즐기고만 싶은 나지만

이제는 20대라는 새로운 인생을 시작한다.
아직은 두렵고 낯설기도 하지만

앞으로의 인생
앞으로의 꿈

내 앞에 펼쳐진 찬란한 삶
내 무한한 가능성과 재능 모두 다 펼치며
날아가고 싶다.

PM 10:57, 버스

71년생 ⌒ 김동현

지하철 보다는
좀 느려도
창 밖이 보이는 버스가 좋구나

조금은 돌아간다
생각을 하자
버스를 타고서라도
조금은 돌아가자
내 인생

소매 끝에 묻은
지친 먼지를
털자

들어가
아이들 침대 머리맡에
다가가기 전에

아니

대문 앞
초인종을
누르기 전에

한 번 펄럭이는 파랑새

63년생 ⌒ 김주희

한 번 펄럭이는 나는 파랑새
두 번 펄럭여야 한다
백조가 되려면

백옥처럼 아름답다 하며
귀하다 말하지만
나는 그곳에 어울리지 않는
한 번 펄럭이는 파랑새

구름은 빠르게 지나가고
달은 바쁜 구름의 목을 감아 꼬리에 달고
파도는 눈에 뜨이게
또는 눈에 뜨이지 않게
온통 물거품으로 사라지니
나는 여전히 한 번 펄럭이는 파랑새
앉을 곳이 없다.

아, 삶이 그러하듯
어두운 그 곳에서 솟는
이 거룩한 속물들.

홀로 존재할 수 없는 세상에
홀로 존재하는 일
맞는 말이다.
늘 그랬으면 좋겠어!

한 번 펄럭이는 나는 파랑새
두 번 펄럭여야 한다
백조가 되려면.

인생에는 실수가 없다 탱고처럼

70년생 ⌒ Maji 김현진

깨달음을 얻었거나 혹은 깨달음을 추구하는 분들이 늘 반복하는 얘기는 "말로써 할 수 있는 것은 없다."는 것이다. 수행도 언설을 뛰어넘은 저 경지 어디쯤을 목표로 삼고 있고, 우리의 마음이란 놈도 말로 표현하는 순간 거짓부렁이 되어버린다고 이야기한다. 붓다의 경우 그 언설을 뛰어넘는 경계를 설명하기 위해 8만 번이 넘는 설법을 남기셨으니 아이러니가 아닐 수 없다. 하긴 하루에도 수만 번 날뛰는 마음자락을 지상의 언어로 말하는 건 불가능해 보인다.

대화라는 게 얼마나 공허한지……. 서로 이야기 하는 것이 아니라 자기 이야기와 자기가 듣고 싶은 이야기만 늘어놓는 게 요즘의 대화가 아닐까 싶기도 하다.

난 아주 오랫동안 아이들을 가르쳤고, 인문학이란 걸 배웠고, 또 사람들을 가르치면서 많은 설명과 설득이 필요한 비즈니스를 하

고 있다. 어찌하다 보니 말천지의 삶을 살고 있는 것이다.
스스로에게 자주 "말이야, 막걸리야?"라는 질문을 할 정도로 화려하고, 또 적당히 현학적 허세가 가미된 아무 말 대잔치를 벌이다 보니 말로 점철된 삶이 지루했다.
그 순간 시작한 것이 '탱고'라는 춤이었다. 탱고의 불문율은 음악이 끝나면 그 자리에서 멈출 것. 미련을 갖고 질질 끌 수가 없다. 춤을 추는 그 순간에 최선을 다할 뿐이다. 그리고 춤을 추는 동안 말을 하지 말 것. 아주 미세하게 서로 밀고 끄는 동작을 감지하기 위해선 상대방의 몸짓에 온 감각을 집중해야 한다. 말을 하면서 감각을 흐트러뜨린다면 십중팔구 발을 밟거나 넘어지게 되어있다. 춤을 추는 순간에 최선을 다해 상대방의 몸짓 하나에도 집중하는 태도. 그게 바로 탱고다.
"인생에는 실수가 없다. 탱고처럼." 영화 <여인의 향기>에 나오는 알파치노의 명대사다. 그건 아마도 탱고를 출 때처럼 쓸데없는 말 없이 찰나에 상대방과 그 상대방을 향한 날 알아차릴 때 가능한 이야기리라.

우리네 삶의 연주가 언제 끝날지 우리 모두는 알 수가 없다. 연주가 끝나는 순간 우리의 춤도 끝이 난다. 더 이상 설명은 필요 없다. 미련도 불가능하다. 그저 우리는 지금 순간순간 우리의 모든 감각을 성성하게 살려서 나와 세상을 알아차릴 뿐이다.
이 춤의 끝이 저 비상구를 빠져나가는 것인지 아닌지도 중요하지 않다. 그저 이 순간 나는 춤을 출 뿐이다. 다른 이들의 춤이 끝났다 해도, 다른 이의 춤이 더 멋져 보인다 해도 내 춤의 연주가 끝나는 그 순간까지는 혼신을 다해서……. "Libertango!"

최저시급 7,530원

69년생 ⌒ 박영이

오전시간 내내 눈이 벌개질 때까지 전문적인 기술 하나 없는, 50대의 경력단절 대졸자 아줌마는 알×몬이나 알×천국, 잡×리아 등 온갖 구인사이트를 뒤지고 있는 동안 열패감과 자신감 결여와 자기혐오에 허덕이게 된다.

높은 취업의 문턱을 넘으려면 나이를 속이거나(한두 살이어야 속일 엄두가 나지. 열 살 이상을 속일 수나 있을까?), 최종학력을 고졸로 속이기라도 해야 한다. 검색조건을 달리 해보기도 한다. 지역을 넓혔다가 좁혔다가, 페이를 낮췄다가, 근무시간을 조정했다가, 일의 강도를 높였다가. 이리저리 애를 써보지만 별 뾰족한 수가 없다. 외국어를 잘하거나 특별한 기술(간호조무사, 미용기술, 치기공사, 피부미용 자격증 등등)이라도 있으면 좀 나을 텐데…….

도대체 나는 그동안 뭘 한 걸까? 아이들을 낳았고, 건강한 사회인으로 길러내려 애썼고, 가정의 명맥을 지키려 오롯이 나만을 위한 욕망들을 적당히 외면하며 살았다. 그것이 새끼를 품는 어미의 의무감이라 스스로를 위무하면서.

다시 검색을 시작한다. 또 한 번 열패감에 빠진다. 적당한 결과물이 도출되지 않으면 더 많은 시간과 더 찐한 노동의 강도로 자신의 존재를 증명할 수밖에 없다. 아이의 밥 때를 피해서 근무할 수 없으며, 주간이나 야간을 고정해서 근무할 수 없으며, 주말에도 너무나 당연히 일을 해야 한다.

주부로서 해야 할 일들은 언제 하는 걸까? 손에 150만 원이라도 쥐려면 집안일을 알아서 도와주는 우렁각시가 있거나, 아니면 집안일을 내팽개치거나, 그것도 아니면 밤낮없이 집에서나 밖에서나

일해야 한다. 그렇게 되면 아이들은 한두 개의 학원을 더 다닐 수 있겠지만 끼니를 인스턴트로 대충 때워야 할 저녁이 많아질 것이다.

모두가 다 이러고 사는 건 아니겠지만 많은 사람들이 자기 몫의 삶을 견디며 살아가고 있을 것이다.

나
또한
견뎌질 것이다.

내게 남아 있는 것

65년생 ⌒ 김효진

사상 최고의 무더위를 겨우 견디고
여기저기 울긋불긋 단풍이 절정을 향하고 있을 즈음
잃어버린 것이 아프고 슬퍼
하루하루 떨어지는 낙엽이 쌓여 거리를 뒤덮는 게
가라앉는 나인 듯
고개를 숙이고 지내는 나날들
눈물을 눈 속에 가두고 가면을 쓴 얼굴로 일상을 이어가는
어느 날
친구를 불렀다
그리고 알았다
나에게 다시 일어서게 하는 것들이 있다는 것을
그래서 일어나야만 한다는 것을
천둥 치고 세찬 바람 불고 비 오는 날 많았던 지난 시간 속에
찬란한 햇살과 푸르른 잎들과 향긋한 꽃들과
부드러운 바람의 날들도 있었다는 사실
눈물을 보이지 않아도 내 어깨를 토닥여주는 존재들과
그들의 어깨를 어루만져주는 나
봄 여름 가을 겨울 사계절의 풍경을 배경으로
함께 어우러져 살아가는
공유의 시간들도 있었다

내게 남아있는 존재들과 시간과 나 자신이
내게 아주 몹시 선명하고 환한 빛으로 있으니
나는 바람이 불어도 비가 와도 살아갈 것이며
햇살 가득한 날에 피어난 꽃들의 향기에 기뻐할 것이며
그런대로 그렇게 살아가야겠다
오늘도 내일도

보헤미안 Bohemian

66년생 ⌒ 배경환

평생을 떠돌며 살았다.
광대한 초원을 부유浮遊하는 유목민처럼.
숙명처럼 안주安住를 거부했고 거부당했다.
어린 시절 뛰놀던 나주의 시골집, 서울생활을 시작했던
노량진 단칸셋방, 아버지와 유년기를 보낸 회기동 2층 주택,
엄마와 얹혀 살던 시흥 외갓집…….
결혼하고 직장생활을 하면서 거쳐 온 서울, 의왕, 광주,
대전, 평촌, 분당, 김해 그리고 지금 여기.
하나하나 기억도 버겁다.
어쩌다 잠시 몸이 머무르면 마음이 떠돈다.
어느덧 지천명知天命의 나이를 훌쩍 넘긴 중년 사내의
생기 잃은 얼굴이 있다.
지나간 세월들은 어슴프레한 기억과 몇 장의 사진 속에
남아 있다. 덧없는 웃음과 함께…….
스스로에게 묻는다.
'나는 누구이고 여긴 어디인가?'
이제 또 남은 인생은 어디로 무엇을 찾아 떠나야 할지…….
세상의 모든 유혹 중 가장 무서운 유혹은 바로 '희망'이다.
그 유혹에 이끌려 기대와 두려움이 교차하는 그 지점에
나는 지금 서 있다.
가장자리가 노란 깃털구름이 짙은 보라색 저녁 하늘을
천천히 지나가고 있다.

Outside the dawn is breaking
But inside in the dark I'm aching to be free
— Queen <The show must go on> 중에서

바다가 고향이다

63년생 ⌒ 배명희

비린내가 진동하며 파도가 하얗게 부서지는 것을 보면서 청춘을 보낸 바다가 고향인 사람이다. 바다를 떠나 본 사람만이 바다를 가슴에 품고 살듯, 고향을 떠나있는 동안 살면서 힘든 일이 있을 때마다 마음 하나 의지할 곳이 없을 때마다 비바람이 불면 요동치던 바다를 그리워하며 살았다. 아니, 버티었다는 표현이 더 적절한 것 같다.

인생의 절반을 바다가 있는 곳에서 또 나머지는 산으로 꽉 막혀있는 곳에서 살아왔다. 시멘트로 지어진 사막과 같은 이곳은 사람들의 마음도 습기 하나 없이 건조하다. 이 도시에 산다는 것은 사막 한 가운데 버려지고 잊혀진 고대 유물과 같다.
지금이야 어쩔 수 없이 머무를 수밖에 없지만 나는 아주 오랫동안 꾸준히 돌아갈 꿈을 꾸었다. 오랜 벗들이 있고 오랜 꿈들이 남겨져 벽화가 되어 있는 그곳으로 돌아가길 간절히 희망한다. 달빛에 춤추는 은파가 첫사랑의 안부를 물어오고, 비 내리는 백사장에 떠나간 사랑의 그리움을 파도에 실어 보내는 곳으로 파랑새가 되어 날아가고 싶다.

황홀한 절정의 터널을 지나온 나의 인생에 내가 마지막으로 주는 선물은 귀향이다. 바다 한가운데를 날다 지쳐 탈진한 파랑새에게는 고래가 마지막 희망이었으리라. 내 고향 부산은 나에겐 인생의 끝이자 새로운 여행을 준비하는 이생의 마지막 경유지이다.

눈을 떴다
눈을 감았다
눈을 떴다
다시 눈을 감았다

숨을 크게 들이마시며 눈을 크게 떴다
숨을 다시 한 번 길게 내쉬며 눈을 감았다
눈을 떴다
눈을 감았다
하루의 맨 끝이어서
하루의 맨 앞이다
더 이상 젊지 않은 여자의 맨 끝이
앞으로 늙어갈 여자의 맨 앞이다

부산역에 열차가 도착하고 문이 열렸다. 열리는 문 안에서 지친 표정의 사람들이 쏟아져 내린다. 모두들 코끝을 찡그리며 내뱉는 첫 마디 "아, 비릿하네……."
가슴을 파고드는 따뜻하고 정겨운 형용사다.

걷고 또 걷다 보면 만나게 되는 미래의 나

75년생 ⌒ 이승훈

오르막을 오르기 위해서는 첫걸음이 아주 중요합니다. 무리해서 큰 걸음을 하게 되면 쉬이 지치게 되고, 걸음의 속도가 너무 빨라도 오래 지속해서 걸을 수가 없습니다. 중간에 멈추게 되면 다시 떼는 첫걸음이 몇 배는 더 힘들게 느껴지기도 합니다. 만약에 무거운 짐이라도 지게 되는 때라면 더욱 조심스러워집니다.

첫발은 느리게 완보로 시작합니다. 신중하게 다음 걸음 놓을 곳을 찾으며, 한 발 한 발 더디게 나아갑니다. 허벅지가 팽팽해지고 긴장이 느껴질 때쯤이면 이마에 땀이 송골송골 맺히기 시작하죠. 하지만 땀을 닦을 겨를도 없습니다. 잠깐 멈추어 쉬다 보면 휘청거리다가 뒤로 미끄러지기도 하고, 쉼에 익숙해져서 이동하기 싫어지기도 하죠. 어찌어찌 고비를 넘으면 내리막이 펼쳐지는데 등에 맨 짐 때문에 내리막은 더욱 버거워집니다. 조금만 삐끗해서 비탈길에서 미끄러지는 날에는 다음 순간을 기약할 수 없게 되겠죠.

지나온 순간들이 그랬습니다. 평탄한 길을 만난 적이 없습니다. 가파른 오르막, 또는 내리막길의 연속이어서 숨 돌릴 겨를도 없었

Why me?

습니다. 불행의 신을 달고 사는 듯한 느낌이었죠. '왜 내게만 힘든 세상일까' 하늘을 원망하기도 했습니다. 알량한 자존심을 지키기 위해 버티고 버티다가 강남 한복판에서 넋 놓고 주저앉아버린 적도 있었죠.

그러다가 어느 순간 제법 잘 견뎌내고 있는 나를 발견했습니다. 앞만 보고 위태롭게 한걸음 한걸음 걷다 보니, 어지간한 경사는 문제없이 지나는 노하우가 생긴 거죠. 평지만 걷던 사람들을 대책없이 멈추게 만드는 그런 경사를 말입니다. 지나온 시간 동안 마냥 힘들기만 했던 게 아니라, 허벅지에는 단단한 근육이 생기고, 짐을 둘러 맨 어깨에는 굳은살이 베겨서 움식이는 요령을 알게 되었다고나 할까요?
이제는 느리게 걷는 것을 즐기고 있는 나를 발견합니다. 한 발 한 발 내딛기에 급급하던 시절에는 볼 수 없었던 주변을 이제는 둘러볼 줄 아는 여유가 생긴 겁니다.
늘 술래라고 생각했습니다. 불행이 나에게만 몰려온다고 낙담한 적도 많았어요. 하지만 그 순간을 최선을 다해 돌파하고 나면 그 경험은 고스란히 나의 재산이 됩니다. 노하우가 생기는 거죠.

힘든 순간이 미래의 나를 있게 만드는 원동력이라고 생각합니다. 지금의 '나'는 어느 한순간에 만들어진 것이 아닙니다. 스무 살의 나, 서른 살의 나, 어느 봄날, 혹은 어느 추운 겨울날, 얇은 봄 재킷 하나에 의지해 눈보라를 헤쳐온 내가 켜켜이 쌓여 만든 것이 오늘의 '나'입니다.
오늘의 나는 또 먼 미래의 나를 만드는 자양분이 되겠죠. 미래의 나를 만드는 오늘의 나를 사랑합니다. 오늘의 나와 함께 하는 지금 이 순간이 행복합니다.

라오스 하늘 아래

64년생 ⌒ 소락

1
2
3
4
……

아침 일찍 절에 갔다. 태국 라오스에 살면서 어머님 기일이나 마음자락이 흔들리는 날이면 바람 따라 절 걸음을 한다. 마음의 행복을 찾는 나만의 방법이다.
오늘은 한국 회사에 중요한 입찰이 있는 날이다. 마음 같아서는 물 떠놓고 하나님, 부처님 찾으며 빌고도 싶다.
금액이 꽤 큰 입찰이기도 하지만 그 일을 진행 하기 위해 설계하고, 견적내고, 크고 작은 준비를 무려 석 달이나 했다. 태산 같은 욕심을 품고 절을 올리는데 마음에서 나오는 기원이 다르다.
"지금 감사합니다."
"오늘 하루 더 많이 사랑하겠습니다."
"여기 잘 있습니다."
절 문을 나서는데 내 발등을 찍고 싶다. 마침 탁발하고 들어오시는 스님이 빙그레 웃으신다.

한때는 많은 것들을 하고 싶었다. 나의 버킷 리스트, 그 꿈들을 꽉꽉 채우려 살았다. 집 하나 더 가지는 것, 더 멀리 날아가서 히말라야를 보면서 커피 마시는 것, 오토바이 타고 사파(베트남)에 가는 것, 바라나시(인도)에서 석양 보는 것, 딸내미가 좋은 대학에 가는 것, 돈 말고 행복한 일을 하는 것 등등. 그런데 막상 하고 보니, 시간이 지나고 보니, 안 한 것과 한 것이 별반 다르지 않다는 것을 깨닫는다.

중요한 입찰은 떨어졌다.
창밖으로 아이들 웃음소리 가득하다.
"점심으로 찰 밥 한 덩어리와 땀마꿍(라오스 김치)을 먹어야지."
라오스의 이름 없는 마을 하늘 아래, 나는 더 바랄 것이 없다.

오솔길로 걷는 가을 소풍

71년생 ⌒ 이경희

가을이 곱게 물들어가는 뒷동산 오솔길로 소풍을 다녀왔다. 봄소풍 때 눈에 들어오던 나무와 풀들은 그 자취만 남았고, 가을에서야 고유의 빛깔로 존재하고 있었음을 새삼스레 알려주는 나무와 풀들이 있었다.

이런 고운 빛을 보여주려고 계절의 그림 속에 꼭꼭 숨어 있었나? 지난 봄과 여름, 훨씬 더 오래 전부터 분명히 자신의 자리를 지키고 있었을 텐데 보여지지 않았던 존재감들. 가을소풍에서야 보게 된 고운 너! 반가움보다 더한 미안함으로, 몰라봤던 그 존재에 잠시 넋을 놓고 눈맞춤 하면서 인사를 나누었다.

고운 빛 숨기고 살다가, 없는 줄 알다가 때가 되면 드러내는 것이 자연의 이치가 아닐까? 그 아름다운 섭리를 곱게 간직한 존재감이 새롭기까지 하다. 우리 인생인들 그렇지 않을까? 내 때는 과연 언제일까? 언제 피고 뽐내다가 지는 걸까?

존재하는 것들에겐 반드시 자신의 때가 있나 보다. 숨겨져 있어야 할 때, 누군가의 배경이 되어야 할 때, 주인공으로 드러나고 사라져야 할 때가 있다. 보여지고 드러내고 싶지 않아도, 그 어떤 검불로 가리웠어도 반드시 존재의 아름다움이 드러나는 정한 그때가 있다.

존재의 아름다움이나 경이로움과의 만남은 가을 소풍을 나선 자만이 느낄 수 있는 소풍의 꽃, 보물찾기였다. 오늘 가을 소풍은 가벼웠다. 그래서 예상치 않았던 경이한 만남이 있었나 보다. 거대한 우주, 자연에 속한 한낱 작은 존재인 내 인생을 가을로 한 발 더 가까이 가게 해준 행복한 소풍이었다.

인생 2막

61년생 ⌒ 이광영

퇴직을 한 지 2년이 되어간다. 큰 조직에 몸담고 그 울타리 안에 있을 때는 조직이 내 존재를 인정해주고 보상을 해줄 때가 가장 행복했었던 것 같다.

지난 36년을 은행원으로 살았다. 똑똑한 은행원으로 살기 위해 어쩌면 가족보다, 친구보다, 내 자신보다 조직을 위해 살아 왔던 게 사실이다. 직장을 핑계되면 가족, 친구, 고향사람, 형제들에게 모두 용서를 받을 수 있었다. 항상 내 중심에는 가족보다 친구보다 조직이 우선이었다.

하지만 퇴직을 한 후 조직이 주는 행복보다 더 큰 행복이 내 주위에 흩어져 있다는 사실을 알게 되었다. 행복은 그곳에만 있는 것이 아니라 따로 존재하고 있었다. 그동안 중심이 아니었던 존재들이 내 주변에서 나를 행복하게 해주고 있었다는 사실을 깨달았다. 가족과 함께 밥을 먹고, 멀리 떨어진 친구와 라운딩을 함께 하고, 잊고 지내던 고향사람들을 만나는 소소한 일상이 이제는 전부 행복으로 다가온다.

재래시장에서 돼지국밥을 마음 편하게 먹고, 양복을 입지 않아도 되고, 체면을 접고 축의금을 적게 내도 되는 일상의 일들이 행복의 소재가 된다. 이제 내 주변에 흩어져 있는 작은 행복의 소재를 주워 담고 싶다. 그 작은 행복을 지키며 인생 2막을 살아가야겠다고 결심하는 오늘이다.

이광영, 파이팅이다!

은하수를 여행하는
히치하이커를 위한 안내서
72년생 ⌒ 이동하
COSMOS

어릴 적 미술학원이란 곳에 갔었다. 태권도를 배우라는 부모님의 말씀을 끝내 듣지 않고, 내가 택한 곳이었다. 이유는 모르겠지만 그림을 그리고 싶었다. 똑같은 도복을 입고 함성을 질러대는 태권도장의 또래들 모습이 그 당시는 왠지 싫었다.

처음 미술학원에 갔을 때, 그곳은 지나치게 조용했다. 선생님은 첫 시간이니까 그리고 싶은 걸 마음대로 그려보라고 하셨다. 하얗고 큰 도화지 앞에서 나는 바보가 되었다. 집에서는 혼자서 신나게 그리던 그림이었지만 그곳에서는 잠시 아무것도 할 수가 없었다.

"편하게 아무거나 그려도 돼."

선생님은 몇 번이나 다독이셨다.

용기를 내었는지 아니면 다급했는지, 나는 정신없이 무인가를 그리기 시작했다. 긴 시간이 흐른 기분이었다. 마침내 그림이 완성되었다. 깜깜한 우주를 홀로 항해하는 우주비행사의 그림이었다. 우주에는 그 흔한 별 하나 없었다. 태양, 달, 심지어 지구도 없었다.

선생님은 그림을 보고는 한참 동안 아무 말씀이 없으셨다.

"처음이라 그래. 앞으로 차근차근 배워보자……."

그 이후 많은 시간이 흘렀고, 지금 나는 중년의 아저씨가 되었다. 내가 지나온 그 많은 우주들, 그리고 지금도 헤매고 있는 우주에서, 나는 홀로 우주선을 조종하는 외톨이인가? 문득 이런 생각에 밤잠을 설칠 때도 있었다.

이렇게 꽃이 만발하고 환한 빛깔의 우주가 있었던가, 아니 있을 것인가. 나의 우주에도, 여러분의 우주에도 이런 날이 있었기를. 아니 있기를…….

깜깜한 우주 속에는 이런 아름다운 꽃 세상이 숨어 있을지도 모른다. 어둠 뒤에는 별보다 꽃보다 빛나는 무언가가 조용히 우리들을 기다리고 있을 지도 모른다. 보이지 않는다고 존재하지 않는 것은 아니니까…….

안도

73년생 ⌒ 이은선

눈이 뜨거워진다.
흰자위가 빨개진다.
이내 물이 고인다.
눈을 깜빡이니 고였던 물이 톡 떨어진다.
눈썹에 매달린 물방울이 무겁다.
콧등을 조여 콧물을 들이 삼킨다.
목구멍에도 묵직한 것이 올라온다.
목젖이 바르르 떨린다.

입을 다물어 목구멍을 잠시 닫는다.
숨이 버겁게 들어왔다 서투르게 나간다.
봉긋 솟았던 어깨를 살며시 내려놓는다.
바쁘게 뛰던 심장을 쓰다듬어 달랜다.
굽어진 허리도 차곡차곡 세워놓는다.
기다리던 골반이 다정하게 감싸준다.
무릎이 야무지게 거든다.
발바닥을 땅 속 깊이 밀어낸다.
두 팔을 무심히 떨군다.

들어오고 나가는 숨을 가만히 바라본다.
그곳에 그대로 머문다.

괜찮아

68년생 ⌒ 이은주

바람이 기억에 색깔을 입히는 알록달록 가을이다.

통증의 여름날 말랑말랑 노란 복숭아, 그 달콤함을 견디었던 그 이상의 일상을 위해 끈을 놓지 말아야 한다.

코스모스 가을 가득한 남이섬 초입 정류장에서,
나와 함께 서성이며 흔들려주는 그들을 보았다.
바람아, 호수야, 구름아, 노을아, 꽃들아…….

그때 생각했지. 괜찮아. 좀 느슨하게 서성대기도 하고, 때로 멍한 모습으로 나에게 관대해지자. 서두르지 말자. 지금은 내 인생의 심오한 기쁨을 찾는 투병기간이다. 그녀의 말처럼 전공이 바뀌더라도 죽는 날까지 무언가를 하자. 그만두지 말자. 항시 절대적 시작에 직면해서 그 기쁨 가득 안고 살아야지. 어차피 맺음은 운명이니까.

"시간은 과거로부터 흐르는 강물에 불과하다."

문득 영화 속 이 글귀가 나에게 위로를 준다. 그렇게 수많은 시작에 익숙해지며 예정된 삶도 살고, 초대받지 않은 손님처럼도 사는 거다.

감정이 숙~ 하는 마음

09년생 ⌒ 이채현

Lovely HUG

나의 하루는 다양한 감정으로 시작된다. 야호!
엄마의 커튼 치는 알람은 괴로운 마음.
엄마가 주시는 밥을 먹을 때는 기대되는 마음.
선생님께서 칭찬을 해주실 때에는 으쓱한 마음.
친구들이랑 놀 때는 신나는 마음.
아빠가 나한테 선물을 주실 때에는 세상을 다 가진 마음.
마지막으로 잘 땐 행복한 마음으로 오늘 가진 감정이
슉~ 하고 사라져,
내일도 궁금한 마음으로 학교를 간다.

‘작가병’에서
회복하자마자 쓰는 글

74년생 ⌒ 이화배

I’m possible

이제 이 글을 다시 읽어 보면 내가 하는 말이 무슨 뜻인지 알게 되리라.

광활한 우주에서 들려오는 듯, 내가 그 한복판에 떠있는 듯 해방감이 느껴졌다. 컴컴한 실내, 텅 빈 객석 그리고 들리는 휴스톤과 우주인의 교신 소리. 그때 진정 신비로운 경험이 시작됐다. 우리나라 공교육 수준과 10대 청소년에 대한 영화 매체의 영향력 축소 등을 생각하며 앉아있다 보니 엔딩 크레디트가 한창 올라가고 있었다.
옆자리 여고생 셋은 "지루하게 재밌다."나, "이거 실화 바탕이야?" 또는 "주인공이 라라랜드 그 남자라고?" 등 신비로운 김싱핑을 쏟아내며 퇴장했다. 독립영화 감독이 메이저 스튜디오로 넘어와 찍으면 9를 얻고 1쯤 잃나 보다 생각하다 보니 영화가 끝났다. 옆자리 여고생이 교복 소매로 눈물, 콧물을 닦길래 카페에서 집어온 냅킨을 반쯤 덜어주었다. 우주선에 탄 듯 어둡고, 좁고, 춥고, 갇힌 듯한 괴로움이 지나고 턱 밑 편도선 즈음이 빼근하면서 눈물이 날락말락 하고 있었다. <퍼스트맨> 상영관.

다만 밝혀 두는 것은 나는 이제 '그 병'이 다 나았다. 이 글을 읽는 독자가 영혼을 사로잡히면 작가로서 바랄 것이 없겠다. 그래서 선택된 글이 영화 <퍼스트맨 First Man>(2018) 상영관에서 있었던 짧은 에피소드다.
영화 리뷰 중 '좋아요'를 가장 많이 받은 포스팅. 선정기준은 간단했다. 이미 써놓은 글이라 다시 쓰지 않아도 된다는 편리함이 첫 번째 이유였고, 페이스북에서 시작된 프로젝트니 그 안에 담겼던 글을 오프라인으로 확장한다는 그럴듯한 명분이 두 번째 이유였다. 먼저 내가 그동안 페이스북에 올렸던 글 중 한 편을 골랐다.

어차피 인생은 쌈마이와 니마이의 끊임없는 내적 투쟁 아니던가. 형식을 빌려 내용의 빈약함을 채우자고 즉시 마음먹었다. 두 번 읽을 수밖에 없는 기막힌 형식의 글이었는데 내용도 좋았지만 형식에 매혹 당해 한동안 마음을 사로잡혔었다. 그때 문득 김연수 작가의 산문집이 떠올랐다.

투병중인 상태로 글이 나올 리 없고, 임진순 형의 원고 독려 포스팅은 이어지니 이건 딱 사면초가였다. 한 쪽짜리 원고라도 진정성 넘치는 글을 써서 읽는 이의 영혼을 사로잡고 싶다는 '작가병'에 걸린 듯했다. 하지만 막상 원고를 쓰려니 어떤 글을 써야 할지 막막했다. 영화계 선배님이자 페이스북 친구인 임진순 작가가 100인의 작가 프로젝트를 제안했을 때 너무 재밌겠다는 생각에 번쩍 손들어 참여했다.

이 글은 마지막 문장부터 한 문장씩 다시 거꾸로 읽어야만 뜻이 통한다는 걸 먼저 말해야겠다.

* 이 글의 형식, 첫 문장 그리고 마지막 문장은 김연수 작가의 산문집 《지지 않는다는 말》 중 '한 번 더 읽기를 바라며 쓰는 글'에서 가져왔음을 밝힙니다.

쉼표는 있어도 마침표는 없다

68년생 ⌒ 임수열

1997년, 창업한 지 얼마 되지 않아 IMF 금융위기가 터졌다. 사회는 불안했고 나는 사업을 계속 지속할 것인지, 한 발 후퇴했다가 경기가 좋아졌을 때 다시 도전할 것인지 고민했다. 다행스럽게도 회사는 성장세를 이어나갔다.

2003년, 돈을 노린 4인조 강도에게 납치를 당했다. 정신적 트라우마가 커서 오랫동안 세계를 여행하며 성찰과 휴식시간을 갖고 싶었다. 그러기 위해서는 큰 이익을 내며 성장하던 회사를 과감히 정리해야 했는데 그로 인한 손해가 막대했기에 또 고민을 해야만 했다.

2010년, 7년간의 방랑을 마치고 돌아왔을 때는 내가 가진 재능과 경험으로 타인을 돕는 일을 하고 싶다는 욕구가 가득했다. 내가 경험한 사업의 흥망성쇠 사례가 예비창업가들에게 도움이 된다면 얼마나 보람된 일일까를 생각했던 것이다. 하지만 그것에 소요되는 비용과 내가 버리게 될 기회비용을 생각해야만 했기에 또 깊은 고민을 할 수밖에 없었다.

dreaming
Blue Bird

2015년, 5년 동안 타인을 돕는 일을 하면서 알게 된 실패의 경험이 있고 연약하지만 의지 하나만큼은 올곧은 창업가들이 사회의 지원과 관심을 받을 수 있는 비즈니스 생태계를 만들고 싶다는 생각을 하게 되었다. 그러나 그 일은 달걀로 바위를 치는 것 같은 성공확률이 낮은 무모한 도전이었기에 역시 고민이 되었다.

2011년에 쓴 나의 첫 책은 《쉼표는 있어도 마침표는 없다》였다. 언제나 새로운 도전을 꿈꾸며 현재진행형 삶을 살자는 주장이었다. 새로운 시작을 준비하는 사람들에게 희망 가득한 삶의 이야기를 전해주고 싶었다.
그런데 지금 이 글을 쓰다 보니 고민이야말로 쉼표는 있어도 마침표는 없는 것 같다. 나는 고민이 많다는 게 전혀 힘들지 않다. 고민 없이 성공하는 삶은 없다고 믿기 때문이다. 고민하고 도전하고 실패했더라도 다시 일어서는 삶. 그것이야말로 행복한 삶이다.

나는 지금도 수년째 차가운 현실을 버텨내며 무모한 도전을 진행시키고 있다. 때로는 힘들지만 여유로운 마음으로 즐겁게 살아가려고 노력하고 있다. 바보 같지만 중요한 매순간 내 마음이 가는 대로 원하는 인생을 선택하며 살았다는 자유인으로서의 내적 만족감이 가득하기 때문이다.

무인도

03년 ⌒ 임세현

그를 위로해줄 사람은 없다.
현실을 받아들일 수 없던 그는 잠시나마 현실을 외면해
보려고 바닷가로 나갔다.
그를 위로해주는 건 취기와 손에 닿을 듯이 크게 뜬 달,
부드러운 백사장과 파도뿐이라는걸 느꼈을 때
그는 다시 혼자라는걸 느꼈다.
저 먼 바다에 홀로 서있는 등대처럼
이름 모를 무인도처럼 고립되었다.
그의 모든 것이 무너져 내렸지만
세상은 아무 일도 없었던 것처럼 돌아갔다.

그는 점점 바래져 갔다.
그 끝을 알 수 없는 썩은 동아줄에 몸을 의지한 채
여기서 벗어나면 행복해질 거라는 기대감에 사로잡힌 채
그는 결국 잿빛이 되었다.

버려지는 것들

68년생 ⌒ 임채현

사내가 문득 울컥했다.
비에 젖어 흩어진 가을의 뒷모습을 밟고 걷기가 무거워서가 아니었다. 근 몇 년 동안 낙타처럼 가슴속에 먼지가 쌓여 가던 사내가, 모처럼 비를 맞고 걸었기 때문도 아니었다. 비는 가슴속까지 밀려올 만큼 내리고 있지도 않았다.
실로 많은 것들을 떠나보내며 오늘을 살아낸 오십대의 사내는, 이 계절이 모든 것을 다 내어주고, 앙상히 마른 몸으로 짐을 챙기는 것이 유난히 미안하기만 했던 것 같다. 잊혀지고, 버려지고, 돌아서는 것들을 떠올리며 사내의 작은 몸이 젖어가고 있었다. 사내는 이대로 달까지 걸어가고 싶었다.

사는 일은 늘 안타까움이었다.
손 닿지 않는 가려움을 홀로 견뎌야 하는 건조한 등처럼 말이다. 꿈을 좇던 사내는 좇던 꿈만큼 가난해졌고, 그 꿈도 점점 작게 조각나 비늘처럼 떨어져 나갔다. 이제 사내는 하루를 살아내기 위해, 찬밥 한 덩이를 물에 말아 삼키고 새벽일을 나가는 것에 익숙해져야 했다.
친구들과의 술자리에서도, 책임져야 할 자신의 몫을 암산하며, 점점 작아지는 모습을 허풍으로 버티다가, 결국 홀로 막차를 타고 다시 사내의 자리로 돌아와야만 했다. 그런 날이면 사내는 남루한 새벽을 견디다가 천둥소리보다 커다란 울음을 하얗게 울고야 마는 것이었다. 그렇게 또 하루가 꿰매어지는 날들이 낯설지 않았다.

사내는 알고 있었다.
이대로라면 결국 무너진다는 것을. 그간 사내의 곁에는 늘 반짝이는 사람들이 있었다. 자신이 그들을 너무 많이 끌어안고 있다는 것을 사내는 너무 늦게 알게 되었다. 무례한 언사와 조롱 섞인 말을 지워내는데 오랜 시간이 필요했다.
낙엽이 하나 둘 중력을 못 견뎌 할 때쯤, 사내는 조용히 계절 속으로 걸어들어가며 하나씩 필요 없는 것들을 버려나가기 시작했다. 버려지는 것에는 사람도 더러 있었다.

사내가 새벽길을 걸어가고 있다.
돈 버는 일에 익숙하지 않은 청춘을 보내던 사내가 걷는 길은 비 내리는 가을 저녁처럼 운치 있지도 않고, 호젓하지도 않았다. 퀭한 눈속으로 차가운 바람이 들이쳐 웅웅 소리를 내고 있는 사내가 고단한 길을 밟아가고 있는 것이다. 따뜻한 국 한 그릇이면 충분히 행복했을 사내가 감기가 오려는지 계속해서 기침을 쏟아내고 있다. 곧 터널처럼 어두운 겨울이 찾아 올 것을 예감하는 순간이었다.

역지사지

58년생 ⌒ 정한신

큰 비가 지나는가 싶더니 또 비가 옵니다. 염전에 나갔던 임씨가 한쪽 바짓가랑이를 걷어 올린 채 빗물에 젖어 불 꺼진 꽁초를 물고 처마 밑으로 들어오더니 하늘 눈치를 살피며 중얼거립니다.

"염병할 날씨!"

임씨는 허리가 굽도록 염전에서 소금을 밀어 둘째 놈을 일류대학은 아니더라도 서울에 있는 대학의 지방 캠퍼스를 졸업시켰습니다. 졸업 후 반년 만에 이종사촌의 육촌이 운영하는 자그마한 회사에 밀어 넣었는데 요즘 연애질이 한창입니다. 회사에서 만난 순이와 북한강이 내려다 보이는 카페에 마주 앉아 수작을 부립니다.

"비 오는 날 순이씨와 물안개를 바라보고 있으니 선녀를 얻은 나무꾼 마음이 이런가 싶네요."

한편 조그만 우산공장을 운영하다가 중국산 저가 공세에 밀려 공장 문을 닫고 중국산 우산을 수입해 팔고 있는 큰아들 진석이는 '이번 장마는 좀 길어야 우산공장 하면서 진 빚을 조금이나마 갚을 수 있을 텐데' 하는 걱정을 하고 있습니다.

염전에서 돌아온 임씨는 잠시 비가 그친 틈을 타서 뒷산에 올라 소꼴을 한 짐 베어서는 지게에 지고 내려옵니다. 풀어 놓았던 소를 몰아 집으로 오는데 염병할 또 비가 쏟아집니다. 급하게 한술 찬물에 말아 먹은 밥이 뱃속에서 요동칩니다. 눈 앞에 보이는 작은 언덕 두 개만 넘으면 있는 집이 오늘 따라 그렇게 멀 수가 없습니다.
궂은 날씨 탓에 날은 일찍 저물고 비에 젖은 꼴짐은 연신 옆으로 기울어집니다. 진흙 섞인 빗물에 젖은 고무신이 미끈거립니다. 임씨는 부글거리던 뱃속을 더 이상 참을 수가 없습니다. 소를 길옆 나무에 매어놓고 급히 꼴짐을 내려놓습니다.

임씨는 십여 년 전 큰놈 장가보낼 때 맸던 넥타이를 쓸 일이 없어 허리띠로 써먹은 지 오래입니다. 급히 큰일을 보려는데 비에 젖은 허리띠가 풀리지를 않습니다. 염전 일 하느라 부엌 서까래처럼 까맣게 그을린 임씨 얼굴이 노랗게 변합니다. 임씨 입에서 나지막한 탄식이 흘러나옵니다.

"염 병."

- 사람들은 대체로 자기 입장에서만 생각합니다. 세상이 각박해지는 것도 아마 이런 이유 때문일 것입니다. 역지사지易地思之하고 배려할 줄 아는 마음이 절실한 때입니다.

누군가의 라훌라로 살기 2

72년생 ⌒ 장성원

종로 우정국공원에 인근 어린이집 아이들이 산책을 나왔다. 점심 시간을 맞아 건물 밖으로 나온 회사원들이 집에 두고 온 아이들을 생각하는지 사랑스러운 눈빛을 보낸다. 그 모습은 또 지켜보는 이들을 미소 짓게 만든다.

그렇게 바라만 봐도 좋은 나의 아이가 어느덧 내가 올려다 봐야 하는 청년으로 성장했다. 그 시간 동안 좋은 날, 기쁜 날, 슬픈 날, 힘든 날 등등 많은 날들이 거치면서 나의 라훌라는 어른이 되어가고 있다. 그 아이의 라훌라인 나 또한 어느덧 중년에 이르렀다.

내 삶은 얼마나 많은 이들에게 라훌라일까? 설 자리가 없는 출근길 만원전철 안에서 옆에 선 누군가에게도, 가족들보다 더 많은 시간을 함께 보내는 직장 동료들에게도, 딸 같은 며느리, 여동생 같은 올케를 바라는 시댁 식구들에게도, 나는 수많은 이들의 라훌라로 살아가고 있다.

수많은 관계와 소통을 통한 믿음. 서로에게 장애와 족쇄로 살아가야 하는 삶. 그 장애를 뛰어넘어 새로운 삶을 만들어가는 시간. 지금 여기 내 마음을 믿고, 내 삶의 주인으로, 세상 누군가의 라훌라로 살아가는 나를 비롯한 모든 이들에게 용기를 보낸다.

라훌라 羅喉羅 Rahula는 부처가 출가하기 얼마 전에 태어난 아들이다. 라훌라가 태어나자 석가모니는 자신을 묶는 인연이 하나 더 생긴 것을 탄식하여 "라훌라"라고 탄식하였고 그것이 그대로 이름이 되었다. 그 출생이 출가에 장애가 되었다는 의미로 '부처님의 장애 라훌라'라 불린다. 하지만 수행에 정진하여 아라한이 되었고, 부처의 십대제자로서 남이 보든 말든 묵묵히 실천 수행하는 밀행제일密行第一이 되었다.

오랜 바람

68년생 ⌒ 전대성

기분 좋은 바람이 분다.
계절마다 바람이 내는 향기가 다르다.
풋내 나는 생각들이 코 끝을 베고 흩어진다

오늘은 생선을 굽는다.
바다가 보고 싶어서 그런 것은 아니다.
바닷바람이 더 가까워질까 싶어서다.

생선 접시가 내게서 멀어졌다.
딱히 입맛이 없어서 그런 것은 아니다.
녀석이 내 살 한 점 더 먹길 바람이다.

이 녀석, 생선 맛을 안다.
비릿한 미소가 절로 나오는 이 순간
녀석과 눈이 마주친다.

바람 냄새가 좋다.
이렇게 바람이 좋은 날엔
문 밖을 나서기가 쉽지 않다.

행복幸福

61년생 ⌒ 해우海雨 전종윤

남겨진 낙엽들이 바람결에 비가 되어 흩날리는
햇살 머금은 날…….
생채기 난 마음 한 구석이 시리도록
그 누군가를 억수로 그리워한다.
봄이 오고
여름이 지나고
가을을 흘려 보내며
또 겨울이 다가서면,
어제를 애써 보듬어 떠올리고
오늘을 잊어버리고
내일이라는 그저 그런 행복幸福을 속절없이 기다린다.
아~ 누구든지 나를 잃어버리고
그 애달픈 행복幸福을 가질 수 있는가!?
마음고픔 : 마음을 내 던지고-
보고픔 : 그리움을 비우고-
사랑고픔 : 사랑을 버려두고-

2018년 11월 입동立冬의 어느 하루
해우海雨 전종윤이 필경筆耕한 글시詩

연극이 끝나고 난 뒤

73년생 ⌒ 정소영

'아, 그 다음이 뭐였지?'

분장실에 드문드문 매달린 전구가 큰 눈으로 나를 노려본다.

공연시작 30분 전.

갑자기 대사들이 머릿속에서 엉키고 안무가 떠오르지 않는다.

오늘은 누구누구 선배도 온다고 했는데, 특별히 더 잘해야 하는 날인데, 악! 옆자리 동료에게 대본을 빌려보려 했지만 오늘따라 그 친구도 대본을 안 가져왔단다. 물론 공연은 엉망! 안타깝고 창피하고 슬픈 마음에 꺼이 꺼이 목놓아 울고 있는데 문득 전광석화처럼 스치고 지나가는 생각이 있다.

'어? 언젠가 이런 적이 또 있었는데?'

따뜻한 이불 속에서 온 몸을 감춘 내가 눈을 부릅뜬다.

'휴~ 다행이다. 꿈이었어!'

지난 17년간 나의 꿈을 일부러 잊고 살다가 몇 년 전부터 다시 연극을 시작했다. 긴 공백기간과 긴장 때문인지 가끔 이런 악몽을 꾼다. 연습하면서 창작의 고통과 괴로운 일들도 많지만 그 어려움과 눈물을 잊게 하는 순간이 있다. 바로 커튼콜curtain call이다.

연극이 끝나고 난 뒤 다시 나로 돌아와 관객 앞에서 인사를 했을 때 들려오는 박수소리와 사람들의 황홀한 표정은 나를 울컥! 뭉클하게 만든다. 무대에서 연기할 때보다 심장이 더 요동을 친다. 오히려 관객들이 나를 감동시키는 순간이다. 그 순간은, 적어도 그 순간만큼은 나는 세상에서 가장 행복한 사람이 된다.

역할의 크고 작음은 중요하지 않다. 관객들의 초롱초롱한 눈빛은 나를 흥분시키고 가슴 벅차게 만드는 원동력이다. 그 짧은 행복의 순간을 맛보기 위해 나는 오늘도 지하 연습실에서 땀냄새를 풍긴다. 17년 동안 묻어두고 살다가 다시 되찾은 나의 꿈을 지키기 위해서……. 다시는 나만의 대사를 까먹지 않기 위해서…….

애물단지

72년생 ⌒ 정해정

화분에 배추를 심었다. 꽃처럼 아름다운 배추를 만들기 위해 날마다 쓰다듬었다. 나는 늘 기다렸었다. 그를 세상에 선보일 날을.
그를 해하는 모든 것이 사라지기를 바라는 마음으로 정성을 다해 배추 잎을 어루만졌다. 으깨지는 벌레가 죽어가면서 내 손바닥에 남긴 감촉이 찝찔한 죄책감이 되어 나의 평정의 바다에 너울파도를 만들었지만, 나는 오로지 나의 배추만을 생각했다.
여리고 작은 새순이 밀고 올라와 속을 채울 때마다 나는 감탄하였다. 새벽마다 몸 끝에 매달렸다가 또르르 흘러내리는 물방울들을 보고서는 '성숙의 고통에 힘이 들어 흘린 눈물인가?'라는 바보스런 생각도 했더랬다. 어린 것은 찬란한 초록으로 나의 행복을 색칠했다. 그의 초록이 짙어질수록 나의 기대는 하늘 높이 띄워졌다. 나는 배추의 온 잎을 사랑하고 싶었는데 어느 순간 생각보다 커져버린 잎사귀를 보니 예쁘지가 않았다. 그래서 가차 없이 떼어버렸다. 잎 끝에 연초록을 보이는 예쁜 배추로 계속 유지하고 싶어서였다.

I LOVE
COTTON

해가 짧아졌는데도 나는 여전히 그에게 많은 양의 물을 주었다. 그때 물이 그렇게까지 많이 필요했을까? 어루만짐이 필요했을까? 나는 혼자 착각을 했었다. '속을 연노랑으로 튼실하게 채우고 있겠지? 내가 좋아하는 나비조차도 저의 잎사귀에 알을 낳아 애벌레를 만들까 싶어 멀리 쫓아버려 주었으니 찬란한 배추가 되어 나의 자랑이 되어주겠지?'라고 생각했다. 무언의 압력을 온화한 미소 뒤에 숨기고 매일 그를 지켜보았다. 그러니 그는 얼마나 숨이 막혔을까?

그의 눈물과 빗물이 구별 없이 흘러내리던 밤이 지나고 난 어느 이른 아침이었다. 그때부터였다. 그때부터 나는 걱정되기 시작했다. 그는 온 잎에 까칠한 가시 털을 붙이고 있었다. 내가 어루만져 주었던 자리는 아문 상처를 일부러 내보이며 반항이라도 하는 것처럼 울퉁불퉁 자라났다.
나는 날마다 나를 찾아올 그의 가장 아름다운 순간을 기다렸는데. 그 순간은 비가 많이 내렸던 날 그물맥 사이에 얇고 여린 살을 채우던 그 새벽이었을까? 아니다. 바람 따라 찾아온 흰나비의 속삭임에 그의 푸른 가슴이 한껏 키워 부풀려지는 것을 보고 행복해하던 그날이었다. 아니, 그에게 해가 되는 모든 것들을 회초리 같은 강한 물줄기로 그에게서 떨궈냈다고 기뻐하던 그날이었던 것도 같다.

더 나은 그를 만나기 위해 그의 가장 아름다운 순간을 매일 뒤로 미루며 최고의 날을 기다렸었다. 그가 커다랗고 퍼런 잎사귀로 나의 허영을 힘겹게 채워주는 것을 모르고 자랑스러워했었다. 그에게 나는 보살핌이라는 선으로 위장한 얼마나 모진 가학성을 지닌 인간이었던가.

그는 더 이상 새롭게 아름답지는 않았다. 탐스런 잎으로 감춘 속은 차지 못했다. 덜 자란 속잎은 끝부터 누렇게 변해 물러지고 있었다. 그의 뿌리를 보지 못했고, 얼굴에 억지 초록 웃음을 만들기에 여념이 없었다. 겉으로는 얼마나 예뻤던가? 속이 곪아가는 줄도 모르고…….
그의 쓰라린 성숙이 나로부터 시작되었다는 것을 느낀 순간부터 더럭 겁이 났었던 거다. 나라는 화분이 너무 작았음을 알아버린 그때부터 내 화분에서 그가 무너지는 것을 볼까, 무너진 그를 들킬까 두려웠다. 기대라고 포장한 허영을 채웠던 그 시간을 지탄받을까 두려웠다.

그는 배추가 아니다. 지켜보는 나의 애간장이 타들어가더라도 벌레에게 새순도 뜯겨보고 비바람에 잎사귀도 찢겨져 가며 자라게 두고 보아야 했을 나의 애물단지이다. 장다리꽃이 되어 나비를 부르다 씨를 날리고 바스러지더라도, 그 모든 순간이 존재 자체로 찬란할 나의 애물단지. 보물단지이다.

아무래도 우린…

69년생 ⌒ 진혜련

어쩌면
인생의 길에서 우린
만남을 하러 온 듯합니다.

나와 나와의 만남. 나와 너와의 만남. 그리고 각종 지식의 말들이나 책들 하물며 지나치는 길가의 꽃 한 송이까지도 인생의 길에서는 모두 만남인 것임을 압니다……. 하지만 만남이 항상 행복하지만은 않다는 것도 우린 압니다. 그 안의 상처, 괴로움, 분노, 슬픔까지 분명 함께 존재했음을 기억합니다…….

그런 관계에서 받은 상처가 쌓이고 쌓여 내 마음에 날카로운 잣대를 만들어 내고, 그것이 어느새 나를 지배하고 내 안에서 엄격함을 세워대며 다른 어떤 반대의 증거를 대더라도 그 잣대의 기준으로 생각되거나 믿어지는 순간, 여지없이 관계의 늪에 빠져 버리고 말았습니다.

한동안 온통 그 생각에 사로잡혀, 그 상처받은 마음에서 벗어날 수 없어 두렵고 무서워 외면해 버리고, 멀리 떨어져서 방관도 해 보려 애를 써봤지만……. 결국엔 그 길이 마음에 쓰여 멀리서라도 바라봐 지는 것은 역시 나는 이 길에 서있고 싶은가 봅니다. 어쩌면 마주칠 나, 그리고 너와의 만남을 다시 기다리면서…….

이번엔 너무 강하지도 너무 약하지도 않게 내 안의 잣대를 조절해 보겠다고 다짐하며, 들꽃처럼 나를 품어 안고 그 눈으로 나를 바라 보고, 또 그 눈으로 너를 기다리면서 길 위에 다시 섭니다.

역시 아무리 생각해봐도…….
인생의 길에서 우린
만남을 하러 왔나 봅니다.

인생 뭐 그까이꺼

69년생 ⌒ 최정훈

이런들 어떠하고 저런들 어떠하리
바람따라 구름따라, 흘러가면 그만인걸

있다고 우쭐말고, 없다고 쫄지마라
백년천년 있지않고 천년만년 없지않네

무엇을 얼마나 더 취하려 안달인가
치열하게 달려봤자 하늘아래 뫼이로다

외로운 밤 별님달님 친구처럼 찾아오니
이보다 더 반겨맞을 죽마고우 있을소냐

차가운 강물되어 흘러흘러 가다보면
우리네 인생만사 종착역에 다다를걸

한줌의 바람되고 나무와 흙이되어
자연에 돌아가면 이또한 행복일세

2

행복한 순간들

행복을 원하세요?

65년생 ⌒ 강성규

술 마시는 자들은 다음의 세 가지 유형으로 분류된다.
음주를 즐기는 자들을 흔히 애주가Amateur Drinker라 부른다. 이들은 육체적이나 정신적으로 술에 대한 두려움이 있어 절제가 가능하다.
과음을 일상적인 업으로 살아가는 자들을 주당Professional Drinker이라 부른다. 술로 건강을 잃거나 삶이 파괴되면 이들은 술을 원망하며 증오하기 일쑤다.
그리고 술과의 인연을 운명으로 생각하는 주선Holy Drinker들이 있다. 이들이 체질적으로 선택됐다는 이야기는 전혀 입증되지 않은 학설이나 아무튼 이들은 술과 친해지겠다는 자세부터 남다르다. 술에 취하면 스스로 유쾌해지며 세상이 아름답게 느껴져 쉽게 용서와 이해를 허락한다. 취기가 심하면 실수나 추태가 아닌 수면이나 작별을 선택한다. 숙취로 머리가 깨질 듯 아프고 속이 한없이 울렁거리지만 주선들은 소중한 사람들의 음주 제안을 절대로 거절하는 법이 없다. 이들은 정신력으로 한두 잔 마시면 어느새 정상 컨디션이 된다는 걸 알고 있는 현자들이기도 하다.
주선들에겐 애주가나 주당이 감히 범접 못할 탁월한 능력이 하나 더 있다. 이들은 (불법적이며 비위생적으로 제조된 술을 제외한) 이 세상의 모든 술을 즐길 줄 안다. 이른바 드링킹 멀티플레이어Drinking Multiplayer다.

몽고 초원에선 마유주, 폼을 좀 잡고 싶을 땐 데킬라 원샷, 연인과 함께라면 샤또브리앙 스테이크와 뽀이약 레드와인, 잘나고 멋진 이들과는 샴페인을 마신다. 대학가 호프집에선 김빠진 생맥주도 오케이. 이른바 장소와 음주 파트너를 주종 선택의 기본사양으로 삼는 것이다.
뿐만 아니다. 주선들의 음주 패키지에는 원칙이 있다. 숯불구이

스타터는 언제나 황금비율의 쏘맥으로, 쿠바산 시가에는 아르마냑 브랜디, 발마사지를 받을 때는 태국 럼주, <007> 영화를 볼 때는 마티니, 해장국에는 소주, 강렬한 태양 밑에서는 차디찬 병맥주를 들고 나발을 분다.
소독약 냄새 진동하는 아일레이 싱글 몰트 위스키에 육체를 정화시키고, 트라피스트 맥주를 마시며 기도하고, 압쌩트의 사생아 빠스티스 술잔 너머로 반 고흐를 감상하며, 알콜 헤비급 오드비와 백주의 승자를 가려보기도 한다. 비상식량으로 막걸리를 비축하는 것을 빼놓을 수 없다.
진정 행복을 원한다면 주선이 되라는 말을 하지 않을 수 없다. 소중한 사람들과 마시는 술 한 잔에 행복이 담겨있으니 말이다. 건배와 함께 좋은 인연이 쌓여가는 것이니 말이다.

"어제도 마셔서 행복했느니, 오늘도 마실 것이므로 나는 더 행복해질 것이다. 내일도 마실 일 있으니 이 어찌 행복하지 않을 수 있으리오."

통通과 통痛

66년생 ⌒ 곽희철

<동의보감>에 "통하지 않으면 몸이 아프고, 통하면 몸이 아프지 않다不通則痛. 通則不痛"고 했는데 인간관계라고 크게 다르지 않을 것이다.

사람들과의 관계는 참으로 쉬운 듯 어렵다. 함께 하는 사람의 마음을 행복하고 편하게 만드는 사람들이 있는 반면, 함께 하는 자체가 고통이고 힘든 일인 사람들이 있다. 만일 피할 수 없는 사이라면 더욱 고통스러울 수밖에 없다.

나는 어떤 사람인가? 만날 수록 통하는 사람일까? 아니면 고통스러운 사람일까? 비영리단체에 근무하면서 참 많은 사람들을 만나게 된다. 그중에는 사람은 참 좋은데 남에게 싫은 소리를 못해서 큰일이라는 평가를 받는 사람들도 있다. 그저 좋은 사람이라는 평판으로만 끝나버리면 좋으련만 그가 속한 조직은 체계 없이 흘러가버리고 성과는 없는, 그저 그런 조직으로 전락해 버리기 쉽다.

한편 조직을 잘 이끌고 사업성과는 좋은데 함께 일하고 싶지 않은 사람들도 만나게 된다. 그가 속한 조직의 구성원들은 벗어나고 싶어 아우성이다.

어떤 것이 맞는 건지는 잘 모르겠다. 하지만 확실한 것은 함께 하는 것이 고통이 되는 사람이 되지 말아야겠다는 것이다. 서로가 행복을 주고받는, 행복한 소통을 하는 사람이 되고 싶다. 물론 함께 하는 사람들과 항상 즐거움과 기쁨만을 나눌 수는 없을 것이다. 하지만 서로 신뢰한다면 비록 쓴 소리라도 행복으로 바뀔 수 있지 않을까, 하고 오늘도 꿈을 꾼다.

어린아이

73년생 ⌒ 권미경

"어린아이와 같이 되지 아니하면 결단코 천국에 들어가지 못하리라."

마흔 여섯 해를 살아가고 있는 내게 위의 성경구절은 참으로 가혹하다. 그러나 희망이라면 어린아이와 같이 된다는 것이 비단 생물학적 나이만을 뜻하는 것이 아니기에 여전히 내게도 기회는 남아있으리라는 것! 이러한 실낱같은 희망을 부여잡고 고민이 깊어갈 즈음 다행히도 아주 흥미로운 회생의 실마리를 찾아냈다.

"돈을 사랑함은 일만 악의 뿌리."

바로 이것이었다. 돌이켜보면 돈에 눈을 뜨고 돈을 사랑하게 되면서부터 점차 내 안에 자리했던 동심은 사라져갔고 천국과도 점점 멀어진 듯하다. 돈을 사랑하면 할수록 돈이 필요치 않은 행복에 대한 관심은 사라져갔고 나아가 그것을 하찮게 여기는 과오를 범했다. 그 결과 행복보다는 불행을 더 많이 느끼며 살아왔다.
물욕이 채워진 자리엔 낙심과 허망함과 외로움과 미움과 절망이 깊이 뿌리를 내리고 불행이란 열매가 풍년을 이뤘다. 정작 진정으로 가치 있는 행복은 돈으로는 살 수 없는, 그래서 돈이 필요치 않은 것임을 잊어버린 채 말이다. 마치 에덴동산에서 수많은 먹음직한 과일들을 뒤로하고 굳이 먹지 말라는 선악과를 따먹은 아담과 이브처럼.
돈을 사랑하면서부터 미움이 함께 싹텄고 살인이나 전쟁 같은 온갖 악이 창궐하여 세상을 지배하고 있다. 태초에 천국이었던 땅이 점점 지옥으로 변해가는 것이다. 미움을 떠나보내고 그 자리에 사랑을 심어야만 천국이 회복될 터인데 그 사랑을 싹 틔우려면 결국 돈으로부터 자유로워져야만 한다.
돈을 소유가 아닌 도구로서의 원래 가치로 되돌려놓는 것!

돈으로 행복을 사는 것이 아니라 거저 주어진 것에서 행복을 찾고 누리는 것!
이 마음을 회복하는 것이 곧 어린아이처럼 되는 것이 아닐까?
물론 쉬운 길은 결코 아니다. 하지만 생각을 달리해보자. 쉬운 길이 아니기에 더욱 가치가 있는 것이고 또한 이것이 인간을 괴롭히는 족쇄가 아니라 오히려 인생이란 긴 경주를 하는 인간들에게 가장 옳은 길을 안내하는 페이스메이커가 되어 주고 있는 건 아닌지…….

곱게 물든 단풍을 매정하게 흩뿌리는 찬바람도 오늘은 왠지 밉지 않다.

우리를 행복하게 해주는 말

68년생 ⌒ 김세호

상대방을 배려하는 말은 우리 모두를 행복하게 만들어줍니다.

"참 잘했어요."

"정말 기분 좋겠는데?"

예전에 한 대학교수가 아이들을 칭찬할 때는 아이들 입장에서 하는 것이 좋다는 말을 한 적이 있습니다. 예를 들어 아이가 시험을 잘 봐서 부모에게 자랑을 한다면 "우리 상민이 참 잘했네, 아주 잘했어!" 보다는 "이야, 상민이 기분 진짜 좋겠는데?"라는 식으로 칭찬하라고 말이죠.

"잘했어!"의 주어는 나, 바로 말하는 사람입니다. 그러나 "정말 기분 좋겠는데?"의 주어는 아이, 즉 듣는 사람입니다. 같은 내용이라도 상대방을 더 기분 좋게 하는 표현이 있다는 생각을 해보게 됩니다.

배려配慮와 애덕愛德

10여 년 전 제가 다니는 성당에서 큰 행사를 준비하고 있을 때의 일입니다. 준비하는 와중에 여러 의견이 충돌하면서 준비하는 신

참 잘했어요

자들간에 서로 불편한 상황이 있었습니다. 그때 수녀님께서 저희에게 해주신 말씀이 지금까지도 마음 속에 새겨져 있습니다.
수녀님은 "상대방의 부족함을 서로 채워주고, 어려운 입장을 감안해 도와주는 '배려'의 마음. 그리고 부족함과 허물을 덮어주고 함께 채워가는 '애덕'의 마음을 가지고 행사를 준비한다면 서로간에 반목하고 불신하거나 기분을 상할 일이 없을 것"이라고 하셨습니다.

사실事實과 진실眞實
눈에 보이는 것은 사실Fact입니다. 눈에는 보이지 않지만 마음으로 이해하고 가슴으로 느끼면서 볼 수 있는 것은 진실Truth입니다. 타인의 잘못Fact을 보고 나무라는 것은 누구나 할 수 있지만, 왜 그 잘못을 하게 됐는지 살펴보고 이해해 주고 다시 그 잘못이 반복되지 않도록 도와주는 것Truth은 배려하는 마음이 있어야만 할 수 있습니다. 배려의 한자를 살펴보면 근심 걱정을 분배하는 것입니다. 나누어 짊어지는 것입니다.
수도원에서 은식기를 훔친 장발장이 도둑질이라는 죄를 지었다는 것은 사실Fact이지만 장발장이 처한 어려움을 이해하고 오히려 자신이 준 것이라고 말씀하신 신부님의 마음은 진실Truth입니다.

"기회는 평등하게, 과정은 공정하게, 결과는 정의롭게."

문재인 대통령이 취임사에서 했던 말입니다. 우리를 행복하게 해주는 말이기도 합니다. 다만 이를 너무 기계적으로 해석하지 말고 모든 기회와 과정과 결과에 서로를 사랑하는 배려와 애덕의 마음이 깃들여졌으면 하는 마음입니다.

급하다 으~

67년생 ⌒ 김대환

혼자만의 내밀한 공간이라면 방도 있고 서재도 있겠지만 화장실 만큼 마음이 편안해지고 아늑한 공간은 또 없을 것입니다. 카페나 도서관도 활용도가 높지만 왠지 화장실이 더 편하게 느껴지는 게 사실입니다. 다른 사람의 방해를 받지 않는 혼자만의 공간으로는 아마도 화장실이 최고인 것 같습니다.
독서를 하기에도 얼마나 괜찮은 곳이던가요. 핸드폰으로 문자나 대화를 주고받을 때도 이만한 장소가 없다니까요. 심지어 울기에도 좋은 장소이지요. 혼자 몰래 웃는 경우는 드물지만요. 명상을 하고 싶을 때는화장실에 요가 매트를 깔고 싶을 지경입니다. 화장실을 카페나 도서관처럼 꾸미고 싶어진다니까요. 간혹 인터넷으로 그런 멋진 욕실을 구경할 때면 가슴이 바운스바운스하며 두근거립니다. 혼자 사는 집이라면 거실을 욕실로 개조하고 싶다는 생각도 해봤는데……. 그건 좀 아니겠지요.
크고 작은 볼일 말고도 이런저런 이유로 자신도 모르게 화장실에 오래 머물다 보면 바깥에서는 난리가 납니다. 그제야 정신을 차리고 마무리를 하고 나가면 눈총이 이만저만한 것이 아니지요. 그저 미안할 따름입니다. 그래서 화장실이 두 개인 집을 알아보기도 했지만 집이 커지면 세금을 더 내야 하는 관계로 마음을 접었습니다. '바쁜 아침에는 볼일만 간단히' 라고 메모를 붙여두는 걸로 일단락을 지었습니다.

"급하다니까, 우씨~"

오늘 아침에도 작은 소란이 있었지만, 아무리 그래도 저는 화장실에서 찾는 여유를 쉽게 버리기가 어렵네요. 장과 함께 마음을 정화하는 곳, 해우소라는 이름처럼 걱정을 버리는 곳, 잡생각을 버리는 곳, 하루를 계획하거나 마무리하는 곳. 거기서 얻게 되는 작지만 큰 행복. 소확행이 별거겠습니까?

니똥내똥

70년생 ⌒ 길상吉相 김병관

젊은 스님의 손에 새가 한 마리 날아와 앉았다.
"내손에서 잠시 쉬어가는 건 괜찮지만 똥은 싸면 안 된다."

계속해서 길을 가던 스님이 길에서 똥을 싸는 아이를 보았다.
그 아이를 본 스님은 생각했다.
'나도 똥이 마렵구나.'

남의 똥이 더럽다고 나무라지 마라.
나 또한 똥을 갖고 산다.
더불어 사는 인생 남 탓하지 말고
"내 탓이오."
하며 살다 보면
행복은 덤으로 내게 다가온다.

행복하여라

73년생 ⌒ 김선욱

저녁 준비하는 밥 익는 내음 따라
하루의 노곤함을 삼켜버리고

왕후장상 부럽지 않은 소박한 술상 따라
일주일의 피로를 마셔버리고

눈부신 하늘에 흘러가는 구름 따라
한 달의 시름을 흘려보내고

사랑 나누는 풀벌레 소리 따라
세월의 무상함을 날려버리고

곤히 잠든 아이들의 머리를 쓰다듬으며
삶의 무게를 감사해한다.

맞잡은 손에

69년생 ⌒ 김유경

떨어진 낙엽 위로
햇살 같은 그리움이, 추억이 구른다.
곧 눈이 오고, 또 봄이, 여름이…….
그리움을, 추억을, 행복을 물들이러 오겠지.
햇살이 좋으면 좋은 대로
바람이 불면 부는 대로
비가 오면 오는 대로
눈이 내리면 내리는 대로
그와 손잡고 걷는다.
맞잡을 손이 있음에 감사하고
그냥 행복하다.

비는 변하지 않았는데

81년생 ⌒ 김은한

어렸을 때는 비 오는 날이 좋았다. 빗속에서 친구들과 동네 한 바퀴를 뜀박질 하면서 놀면 그렇게 시원하고 재미있을 수가 없었다. 사춘기 때는 비 보다는 빗소리를 더 좋아했다. 항상 다르게 들리는 빗소리는 방황하던 시절의 내 마음을 편안하게 만들어주는 음악이었다. 그렇게 비는 휴식 같은 하루를 나에게 선사해주곤 했다.

하지만 어른이 된 지금은 많은 부분이 달라져버렸다. 일단 비가 오거나 비 예보가 있는 날은 짜증부터 난다. 이미 삶의 눈물에 잔뜩 젖어버린 솜이불의 짜증은 강수량에 비례한다. 기껏 잘 차려입은 옷은 비에 젖어서 찜찜한 하루를 보내야 한다. 우산을 챙기지 않아 소나기에 내 소중한 전자기기가 고장 난 적도 있다.
어른이 된 다음부터 챙길 것이 많아졌다. 소중한 물건부터, 나를 챙기는 사람에 이르기까지 손가락 열 개를 접어도 모자랄 만큼 많아졌다. 내 어깨에 짊어져야 할 짐들이 많아진 것이다. 거기에 우산까지 챙겨야 한다니……. 챙기는 것들이 많을수록 시간은 빨라지고 어린 시절 그저 지루하기만 했던 하루가 눈 깜짝할 사이에 지나가 버린다.
이처럼 비가 오는 날은 좋은 것 보다는 나쁜 것이 많은 하루가 되어버렸다. 점점 비를 원망하는 때가 많아졌다. 비를 홀딱 맞으면서, 내가 아끼던 것들이 젖는 것을 보면서, 비 때문이라고 원망했다. 챙겨야 할 게 많아진 나를 탓하기 보다는 그저 쏟아지는 비만 탓했다.
하지만 이제 알았다. 커피숍에서 홀로 커피를 마시던 나른한 오후에, 내리던 비를 보면서 깨달았다. 그 비는 어린 시절 내리던 비와 다르지 않았다. 피로와 산만함에 하루가 지쳐갔던 나에게 그 비는 마음으로 달래주는 휴식과도 같았다. 비의 존재는 바뀌지 않았다. 그저 내가 가져가야 하는 짐이 많아진 것뿐이다. 내가 챙겨야 하는 것과 내가 돌봐야 하는 책임감이 어느덧 내 어깨의 무게감을 더해갔다는 것을 이제 알았다.

오늘도 비가 온다. 하지만 오늘은 우산 없이 그저 가볍게 비를 맞는다. 옷이 젖지만 고장 날 것도 없고, 걱정할 것도 없어서 그런가 그저 반갑기만 하다. 매일매일 내가 지켜야 하는, 사랑하는 사람과 나만 바라보는 사람들을 위한 책임감을 한 나절의 비에 잠시 내려놓는 것은 어떨까? 촉촉한 행복감에 젖어보는 것은 어떨까?

너는 우리가 보이니?

83년생 ⌒ 박시호

아, 기억났어요
자박 자박 나뭇잎들 밟으며 숲 길을 걷다가 말이죠
어느 순간
싸아 싸아
숲의 숨소리, 그리고 나의 숨소리만 남았어요

이끼들 토닥이는 소리

고사리손 아침에 머금었던 이슬 투둑 떨구는 소리

꾸벅꾸벅 졸던 바윗돌 흠칫 놀라 옆의 녀석 어깨 치는
쟈가작 소리

애벌레 기어가는 꾸우물럭 소리

고요한 요란함 속을 그렇게 걷다 걷다

어느 순간
눈이 몹시 시리도록 부신,
빛나는 커튼을 만난 적이 있어요
공기조차 숨을 멈춘 것 같은 따스한 커튼 속에서
작은 생명들, 그 씨앗들이 춤을 추었죠
속눈썹 같이 보드라워 보이기도 하고,
깃털같이 가벼워 보이기도 하는
그런 것들이 동글동글- 그리고 천천히 날고 있었어요

너는 누구니 우리가 보이니
우리는 서로 궁금해 하고 있었어요
"행복이다." 나는 조그맣게 말했어요.
뭐라고 했어?
"행복이야, 행복. 행복한 거야!"
내가 조금 더 크게 소리를 내어 말하자
저 멀찍이에서 녹색 구름이 꿈틀꿈틀 일렁였어요

"그래." 하고 누군가 내 등에 입김처럼 이야기했어요
나는 "응?" 하고 뒤를 돌아보았고, 내 뒤엔 아무도 없었어요
그리고 눈썹들도 녹색구름도 지운 것처럼 사라져 있었어요

믿지 못하겠다고요?
괜찮아요. 이건 나만의 행복인걸요
언젠가 당신도 꼭,
이 따사로운 친구들을 만날 수 있게 되기를.

아주 작은 행복이 가장 큰 행복

34년생 ⌒ 김진철

스스로 행복하지 않다고 생각하는 사람은 불행한 사람일까요? 스스로 불행하지 않다고 생각하는 사람은 행복한 사람일까요? 또 스스로 행복하지도 않고, 불행하지도 않다고 생각하는 사람은 어떨까요?

아마도 이 세 사람은 모두 행복한 사람일 것입니다. 다만 자신이 행복하다는 생각을 하지 않을 뿐입니다. 모리스 마테를링크의 동화 《파랑새》에서 찌루찌루와 미찌루가 찾아 헤매는 행복은 어떤 행복이었을까요? 한스 안데르센 동화의 《성냥팔이 소녀》는 성냥한 개피가 환하게 비추는 동안 어떤 행복을 느꼈을까요? 찰스 디킨스가 쓴 《크리스마스 캐롤》의 스쿠르지 영감은 가난한 친지들이 크리스마스 이브를 즐겁게 보내는 것을 보고 어떤 느낌을 가졌을까요?

우리가 아주 작은 일에 감사하는 삶을 산다면 아주 작은 행복도 큰 행복으로 다가오겠지요. 모든 일에 감사하는 마음. 아침마다 살아서 깨어남에 감사하고, 건강하게 살고 있음에 감사하고, 사랑하는 가족과 함께 있음에 감사하는 마음에는 아주 큰 행복이 넘쳐흐르겠지요? 저는 스스로 행복하다고 생각하는 행복한 사람입니다. 감사합니다.

가난한 행복

67년생 ⌒ 김철수

오늘은 어두웠지만 내일이 밝아올 것을 안다.
오늘 이지러진 달은 내일 다시 차오를 것이다.
오늘은 모진 자리였지만 내일은 마른 자리가 될 것이라 생각한다.
오늘은 사람 좋은 웃음으로 손해를 봤지만 내일은 좋은 사람들이 옆에 있을 것이라고 굳게 믿는다.

어찌할 도리가 없다. 이렇게 생각하지 않으면 오늘을, 이번 주를, 이번 달을 버틸 재간이 없다. 그 내일이 오지 않더라도 나는 실망하지 않는다. 포기하지 않고 그 다음날에 또 희망을 걸 것이기 때문이다. 날개를 꺾으면 파랑새가 아니지 않는가.

이런 것이 희망고문이라고? 꼭 그렇지만은 않다. 나는 고문보다는 희망에 방점을 찍는다. 인생은 착한 거짓말이나 웃프다처럼 모순형용 투성이다. 부자라고 다 행복한 것은 아니니, 가난해서 행복한 인생도 있는 법이다.

나는 아직, 행복하다.

가난이 나에게서 행복을 앗아가지는 못할 것이다. 절대!!

오래된 수첩을 열어본다

71년생 ⌒ 민영주

오래된 수첩을 열어본다. 젊은 날의 고민과 몸부림이 수첩 속에 가득 차있었다. 분노, 미움, 원망, 기쁨 그리고 그리움과 설레임, 사랑, 가족 등의 단어들이 나를 향해 말을 걸어주길 바라는 듯 고개를 삐죽 내민다.
지금 내 아이 또래였던 그때의 나는 많은 고민들의 상흔을 지워내려는 듯 수많은 말들을 쏟아내고 있었다. 그렇게 해서라도 스스로에게 위로 받고 싶었는지도 모르겠다.

그땐 행복이 무엇인지 몰랐다. 돈 많이 벌어 집도 사고, 차도 사고, 멋진 사람을 만나 사는 것이 행복이라고 막연하게 생각했던 것 같다. 아무리 치열하게 살아왔어도 젊은 날에 대한 후회가 없는 사람은 거의 없겠지만, 어느 순간 죽음이란 단어가 내 사전에 들어온 이후로는 모든 것이 덧없이 느껴지기 시작했다. 어차피 맨몸으로 가는 인생, 나는 이 세상에 잠시 소풍 나온 미물일 뿐, 그 어느 것 하나 가져갈 수 없는 것이다. 내가 가져갈 수 있는 것은 그저 내 옆에서 곤히 잠든 아이의 모습과 힘겨워 하는 나를 가만히 안아주는 남편의 위로와 나를 생각해주는 사랑하는 이들의 숨결뿐일 것이리라.

그저 나의 남은 날들을 꼭꼭 씹는 심정으로 하루하루를 살고자 한다. 작은 창으로 들어오는 시원한 바람과 한줄기 음악을 들으며 힘겨웠던 나의 하루를 위로 받고 마무리할 수 있음에 감사하며 살고 싶다. 눈을 감는 순간 어떤 두려움도 후회도 없이 '행복한 나들이었다'라는 마음 하나만 가져갈 수 있길 바라며, 나는 오늘도 주어진 나의 길에 오른다.

이카루스의 날개
상상의 나래를 펼치는 자가 행복하다

70년생 ⌒ 박동명

신선의 깃털 부채로 비상한다면, 손오공의 요술구름 운두운으로, 승천하는 비룡을 타고 하늘을 난다면 얼마나 좋을까? 저 하늘 위 태양 끝까지.

우리가 알고 있는 이카루스의 날개는 비상과 인간이 미지의 세계에 대한 동경을 의미한다. 이카루스는 그리스 신화에 나오는 인물로서 다이달로스와 크레타 미노스 왕의 여종인 나우크라테 사이에서 난 아들이다. 미로동굴에 갇혔던 이카루스는 동굴을 빠져 나와 아버지가 깃털에 밀랍으로 고정하여 만들어준 날개를 달고 하늘로 도망친다. 그러나 비행의 즐거움에 태양 가까이까지 비상했

ICARUS

던 이카루스는 결국 밀랍이 녹는 바람에 추락하여 에게해에 떨어져 죽고 만다.

과연 하늘을 나는 것은 인간에겐 불가능한 일인 것인가? 인간의 지나친 과욕인 것일까? 하늘을 날고자 하는 인간의 욕망은 동서고금을 막론하고 역사 속에 자주 등장한다. 레오나르도 다빈치부터 라이트 형제를 거쳐 초음속 전투기 스텔스까지. 더 나아가 꿈과 동경으로 바라본 달은 물론이고 화성까지 점령하는 시대가 되었다. 달 속에서 떡방아 절구를 찧는 옥토끼의 존재는 아직 확인이 되지 않았지만 수많은 분화구 속 어딘가에 숨어 있을지도 모른다.

미술작품에서도 유연함과 상상력으로 탄생한 이카루스를 찾을 수 있다. 마티스의 <이카루스>가 대표적이다. 사실 작품 속 이카루스는 전사한 공군 비행사를 의미한다고 한다. 파란 바탕의 하늘과 검은색 외형을 가진 이카루스는 비상에 대한 동경심을 가진 인간의 붉고도 뜨거운 심장으로 추락하는 장면을 보여준다. 바탕에 다변성인 뾰족한 노란색 형태는 아마도 날개의 깃털로 보인다. 또한 반대로 보티첼리의 <비너스의 탄생>은 그녀를 상징하는 봄꽃들이 화면에 배치되었으며 주위에 흩날리는 장미 꽃잎은 비너스의 탄생을 축하한다는 의미로 볼 수 있다. 그림들 속에서 연상되는 이카루스의 날개는 생각의 유연성과 상상력이다. 저마다 관점의 차이로 본다면 실패와 좌절, 행복과 기쁨, 축복으로도 볼 수 있다.
신화 속 이야기이고 비현실적이지만, 결과론적으로 본다면 비록 날개의 깃털이 녹아 바다에 추락했지만 우리는 자유롭게 상상의 나래를 펼쳐보자. 지친 일상 속에서도 잠시나마 상상의 날개로 행복의 기쁨을 만끽하는 여유로움이 바로 나만의 아니 저마다의 이카루스의 날개로, 때론 아기천사처럼, 때로는 사탄 루시퍼처럼 선과 악의 중심에서 비상하는 날개로 행복을 추구하며, 영화 속 어벤져스처럼 우리는 끝없는 하늘과 우주를 유영할 것이다.

내 안의 깃털 붓 선은 녹아 검게 타버린 것이 아니라 태양의 에너지 파편을 머금고, 묵향의 향기는 가을 낙엽처럼 흩날리고, 날개 잃은 이카루스는 전위적 전사처럼 불멸의 깃털관 쓰고 용맹스럽게 칼을 들고 태양을 찌르듯 하늘 위에서 춤추며 노래한다. 그리고 이 세상 끝의 좁은 문을 열며 세상 사람들이 동경하는 미지의 세계로 통하는 신비스러운 안내자를 맞이하듯 해바라기 그림자 되어 내게로 다가온다.

깊어가는 가을 어느 자락, 바스러지는 다갈색의 고엽 향과 함께 임재범의 노래 <비상>을 들으며 이카루스의 날개처럼 나만의 행복한 비상을 꿈꾸며 추억의 화지 위에 붓 펜으로 선들을 그려본다.

나눔과 비움의 행복

39년생 ⌒ 백은재

행복은 무지개입니다.
가까이 다가와 있는 것 같다가도 멀리 가버리는 무지개.
풍요로운 사람일수록 더 갖고 싶어 하는 갈증을 느낍니다.
많이 가져서 행복을 느끼는 순간, 더 갖고 싶은 갈증 때문에
행복은 멀리 도망갑니다.

행복은 밤안개 입니다.
작은 것에 만족하고 나눔의 삶을 사는 사람에게
행복은 밤안개처럼 소리 없이 다가와 오래 머무릅니다.
밤안개가 사라질 즈음에는 찬란한 아침햇살이 비쳐와
더욱 행복을 느끼게 됩니다.

작은 것에 만족하고, 나누면 나눌수록 행복은
점점 더 채워집니다. 나눔과 비움이야말로 진정한 행복이
아닐까요? 남을 배려하고 나누면 나누면 나눌수록
우리 가슴 가득히 행복이 채워지겠지요.

비겁하고 소심하고 어리석고 나약한

69년생 ⌒ 백지연

눈에 띄지 않는 아이였다.
언제나 구석진 자리를 찾아 들고, 무채색 옷을 즐겨 입고,
큰 소리를 내지 않고 대화하려 애썼다.
살아오면서 크게 주목 받지 못했던 아이는
이제와는 너무 다른 삶을 소망했다.
오로지 하나의 조명을 받는 무대 위에 서있고 싶었다.
존재만으로 빛나고 싶었지만
너무 단단하게 뭉쳐져 있던 자의식을 깨뜨리지 못했고,
전략적이지 못해서 좌절된 꿈은
이제 술자리의 안주 같은 것이 되어버렸다.

나이가 들었고 내 것이 아니었던 열망에서 벗어났다고 감히
말할 수 있다면 다행인 걸까, 비겁한 자기합리화인 걸까.
끝없이 자기 삶을 내려놓고 다른 이의 삶으로 채워야 하는
열망에서 벗어나 내 것만으로도 충분히 충만해지자고
비겁한 타협을 한 것일지도 모른다.

그러나 내가 나인 채로 살아가는 것.
조금은 비겁하고 소심하고 어리석고 나약하다 해도 안 그런척
하지 않고 그런 나를 인정하면서 긍정하면서 살아가는 것.
그것이 오십이 되어서야 비로소 찾게 된 행복인지도.

행복이란 감정을 느끼는 것도 능력이라는 연구결과가 있다고
한다. 살아가는 데 갖추어야 할 온갖 능력 중에 행복도
그런 능력 중 하나라고 생각하면 좀 씁쓸하기도 하지만,
노력하다 보면 행복해진다는 것.
늘 내 맘 같지 않은 인생살이에서 그건 다소 위로가 된다.
아니 꽤 큰 위로가.

우리 주문을 외워봅시다

59년생 ⌒ 송주원

모두에게 물어봅니다.
나에게도 물어봅니다.
항상 행복한 사람이 있을까요?
불행하지 않으면 행복한 상태일까요?
행복은 상대적일까요? 아니면 절대적일까요?
행복은 비교대상일까요?
한번 생각해보시지요……. 다들…….
덤덤한 일상은 행복한 상태일까요?
정말 행복하다고 느낀 순간은 지금까지 몇 번이신가요?
합격, 취직, 결혼 등등으로 느낀 행복이 며칠이나 가던가요?
그 상태를 디폴트라고 생각하게 되지 않던가요?
행복 마음먹기 달린 것 아닐까요?
그래서 나는 행복하다……. 나는 행복하다…….
우리 오늘도 같이 주문을 외워봅시다.

나
 는
  행
나   복
 는   하
  행   다
   복
    하
     다

행복을 누릴 자격이 있는가

69년생 ⌒ 신종호

하늘에서 사람에게 큰 일을 맡길 때에는 반드시 그들의 마음을 괴롭히고, 몸을 수고롭게 하고, 또한 삶을 궁핍하게 하여 하는 일 마다 어긋나고 틀어지게 만든다.
이것은 그들의 마음을 움직여서 인내심을 기르게 하고 더 많은 일을 해낼 수 있는 능력을 길러주기 위해서이다.
따라서 사람은 어려움 속에서도 크게 될 수 있으며, 도리어 안락 속에서 쉽게 타락하여 실패할 수 있다.

<맹자언해>의 한 구절이다. 살며 힘들고 불행하다고 느껴질 때마다 습관처럼 읊조리는 맹자님 말씀이다.
젊을 때는 "도대체 하늘에서 나를 얼마나 큰 인물로 만드시려 그러시나." 하고 기대 만땅으로 삶을 마주했었다. 하지만 결혼을 하고, 아이들이 커가고, 나이를 먹어가면서……. 삶의 더 큰 풍파들을 헤쳐오면서 나는 하늘이 내린 큰 인물은 아니라는 사실을 알게 되었다. 오히려 큰 인물 따위는 아니라도 좋으니 더 이상 시련을 그만 내리셨으면 하는 절규도 있었다.
그럼에도 불구하고 시련 속에서 항상 희망을 잃지 않았으며, 시간이 흐른 후에 강해진 나를 발견할 수 있었으며, 또 웃고 있는 가족의 모습을 볼 수 있었다.

하늘에서는 항상 행복을 누릴 자격이 되는지를 먼저 묻는다. 그러한 이치를 깨달은 지금은 항상 여유로써 시련에 마주할 습관이 되어있다. 그것이 행복을 얻을 수 있는 최소한의 모습임을 알기에…….

내 자리

73년생 ⌒ 유명상

가만히 그 자리에 앉아 있으면 출입구 밖으로 계절이 보인다. 사람들은 무심히 지나간다. 시선을 돌리면 눈앞으로 다정한 '다랑쉬 오름'이 살며시 다가온다. 사진 속 제주는 올곧이 서있고 바람은 여전히 불어오고 풀들은 누워있다. 이내 '좋은 사람'들이 순서 없이 모여 앉는다. 나는 '좋은 사람'이 좋다. 언제부터인가 가운데 그 자리는 '내 자리'가 되었다. 좋은 자리를 독차지하고 싶은 이기심은 이미 들켜버렸고 자리 내준 형들은 사람 좋은 웃음을 짓는다. 나는 처음으로 어울린다는 것이 참으로 즐거운 일이라 느꼈다. 같이 걷고 웃고, 같이 마시고 부르고……. 아무도 강권하지 않는다. 양껏 들이키고 마무리를 한다. 다음날, 수줍게 '내 자리'에 앉는다. 어제 무슨 일이 있었냐는 듯 하얗게 치워진 공간. 뻘쭘하게 홀로 밝혀진 술장고는 숨을 죽이고 기지개 펼 준비를 한다. 선주후면先酒後麵 선생은 오늘도 몇 병을 풀어 주리라. 여태껏 세상 어디에도 '내 자리'는 없었다. 하지만 여기, 이곳에 앉아 있으면 제주가, 세상이, 사랑이 보인다. 내가 떠나고 나면, 진순이 형이 걸터앉아 술기운에 자신을 맡기고 떨어지지 않으려고 애를 쓰는지도 모르겠다. 오늘밤 잔뜩 껴입고, 밤마실같은 이곳에 갈까? 미소 짓는다. 행복하다.

2018년 10월 19일
은평뉴타운 '노는 바Bar' '내 자리'에서 명상 쓰다.

행복

80년생 ⌒ 윤서현

꽤 오랫동안 나는 내 자신이 가장 중요한 사람이었다. 남들에게 친절한 것도 자기만족을 위한 것이어서, 아마 가족이나 주변에서는 나를 무심한 사람으로 생각했을 지도 모른다. 행복이란 인천공항 출국장, 이국의 호텔 풀사이드 선베드 위, 혹은 인스타에서 핫한 카페나 셰프의 맛집에 있는 것이었다.

그렇게 잘 살던 내가 사랑하는 사람을 만나 결혼을 하고 바로 아기를 낳았다. 아기는 나의 모든 자원을 빨아들이는 블랙홀 같은 존재여서, 내 시간과 몸과 마음과 돈과 모든 것을 다 쏟아붓고도 모자랄 지경이었다.

이 작고 여린, 세상에 하나뿐인 소중한 존재가 온전히 내 책임이다! 처음엔 울고, 젖을 게워내는 것이 다 내 잘못 같았다. 그중에서도 가장 걱정 됐던 것이 응가. 조리원에서는 하루에 한번씩 꼭 응가를 하던 아기가 집에 와서는 영 응가를 하지 않는 것이었다. 하루, 이틀 정도는 하겠지 하면서 보내고, 삼사일은 인터넷 육아 커뮤니티를 뒤져보면서 배마사지나 오일마사지를 하면서 괜찮을 거라고 생각했다.

결국 일주일이나 지나서 간 병원에서 시럽제와 유산균을 처방해 줬고, 그 다음날 초롱이는 드디어 얼굴이 빨개지며 힘을 주기 시작했다. 잘 안 나오나 싶어서 얼른 그네 태우듯이 안았더니 그제서야 응가를! 정말 엄청난 양에 색도 훌륭한 황금색이었다. 어찌나 기쁘던지.

아기를 키우면 응가 기저귀 하나에도 스토리가 생긴다. 만 9개월을 앞두고 있는 지금도 하루하루 아기가 잘 먹고 응가를 잘 하면 너무나 행복하다. 물론 여전히 행복은 호텔 풀사이드에도 존재한다. 그건 그거고 이건 이거지!

행복해서
감사한 것이 아니라
감사해서
행복한 하루

69년생 ⌒ 윤혜진

"과연 나는 지금 행복한가?" 지천명知天命에 들어서면서 "행복이란 뭘까?"에 대하여 생각이 부쩍 많아졌다.
분명 내게도 행복했던 어린 시절과 젊고 밝은 나날들이 있었는데, 틀림없이 일상의 순간들이 주는 행복이 있었을 텐데 그 당시에는 느끼지 못했던 것 같다. 아마도 행복이라는 것에 대해 깊이 생각해보지 않았기 때문일 것이다. 곁에 있을 때는 모르다가 멀어졌을 때 비로서 그 소중함을 깨닫는 어리석은 인간들. 나라고 예외는 아니었던 것 같다.
"지금, 당신은 행복한가?"라고 누군가 묻는다면 주저 없이 "그렇다"고 대답할 수 있다. 지금의 내가 생각하고 느끼는 행복은 자연스럽게 나에게 주어진 시간들, 오늘 하루, 주위의 사랑하는 사람들과의 인연을 통해 형성된 것이다.
'자연스럽다'와 '당연하다'는 말은 동의어가 아니다. 나는 지금 평범한 모든 것이 당연한 것이 아니라 감사한 '인연'임을 조금씩 알아가고 있기 때문에 "행복하다"고 감히 대답할 수 있는 것이다.
머리카락을 간지럽히며 스치는 미풍을 접할 때, 새벽에 지저귀는 새소리를 들을 때, 따사로운 햇살을 온몸으로 받아들일 때, 나는 행복감에 젖는다. 자연이 주는 평범하지만 소중한 선물을 깨어서 느끼고 있는 요즘이다. 감사한 마음을 갖지 않을 수 없다.

잠에서 깨어나 눈을 뜬다. 당연하게 하루가 시작된다. 하지만 생각을 바꾸면 당연한 하루가 아니라 감사한 하루가 된다. 나는 오늘 하루도 선물로 받았다. 하루는 사랑하는 사람들과 함께 지낼 수 있는 기쁜 선물이다. 소중하고 기쁜 이 모든 것에 감사하며 나는 오늘도 하루를 지낸다. 누군가를 사랑하고 또 사랑 받는 마음을 느낄 때 우리는 행복해진다. 그것은 기적처럼 놀랍고 엄청난 일이다.
행복해서 감사한 것이 아니라 감사해서 행복한 오늘 하루다.
여러분은?

행복, 불행, 감사, 사랑

38년생 ⌒ 이계덕

<난쟁이 피터>라는 책을 아주 재미있게 보았다. 나를 비교하며 읽었다. 느낌이 자연스럽게. 나도 행복을 모두에게 나눠 주고 싶다고 하면서, 읽었다.
"사랑이 있으면 어떤 환경이든 행복할 수 있다."
난쟁이 피터 같은 환경에 살고 있는 사람들을 통해 많은 감동을 받았다.

나는 늘 '사랑하는 가족이 있는데도 왜 나만 외롭고 슬플까?' 공원에 앉아 오고 가는 사람들을 보면서 '어찌 저리도 모두 행복해 보이지?'라고 생각하며 살았다.

이 책을 읽으면서 부끄럽고 못난 나를 발견한다. 생각을 뒤집어 볼 줄 아는 내가 되고 싶다. 이제부터 나도 감사 소리를 나만 듣고 살지 말아야겠다고 생각한다. 늦었지만 남에게 도움을 주고, 받고, 또 주는 그런 삶을 살아야겠다고.

그동안 나는 왜 슬퍼했을까? 나는 혼자가 아닌데. 눈물이 펑펑……. 나도 희망이 있어. 나만 참으면 된다고. 참을 인忍을 새기면서 두 아들을 위해 늘 참고 살았지. 오늘이 있기까지. 아무도 몰라. 그 아픈 상처. 그게 우리 가족의 사랑으로 치유됐지. 어두운 터널, 밝은 빛을 찾아 얼마나 힘들었나.

나 이제 아무리 힘들어도 난쟁이 피터를 생각하면서 죽는 날까지 행복, 사랑, 감사를 주는 사람으로 살리라.

나만의 개성을 추구하는
당신은 빛나는 별!

05년생 이규민

사람들은 '유행'을 따라 행동하는 것을 좋아한다. 물론 유행을 따르면서 행복을 느끼는 사람도 있겠지만, 주변 사람들의 강요나 혹은 따르지 않았을 때의 소외감 때문에 억지로 유행을 따르기도 한다. "대다수의 사람들이 무언가를 한다면 나도 해야 한다."라는 심리를 가지고 있는 것이다.

많은 사람들이 자신이 좋아하는 스타일보다는 유행에 얽매여 살고 있다. 내가 좋아하는 화장을 하거나 옷을 입었을 때 촌스럽다고, 이상하다고 놀림당하면 다시 유행의 틀 안으로 들어가 사람들 사이로 묻히고 마는 것이다. 자신만의 개성을 잃고 마는 것인데 행복할까? 과연 그렇게 하면서 진정한 행복을 느낄 수 있을까?

자신감을 가지고 자기만의 개성을 추구하는 것은 어떨까? 유행을 따르고 형식적인 행복을 느끼는 것보다는 자신만의 개성을 추구하고 진정한 행복을 찾는 것은 어떨까.

바닥에 떨어진
별들을 쓸어 담느라

72년생 ⌒ 이동현

나는 왜 행복하지 않을까?

언젠가부터 스스로에게 던지는 질문이다. 대부분의 사람들이 그러하듯 내 삶의 목표 또한 행복이다. 그저 하루하루 평안하게 만족하며 사는 행복. 막연하긴 하지만 원대하지도 거창하지도 않은, 어렵지 않게 누릴 수 있을 듯한 행복이다.

나이가 들어가고 현실과 타협하면서 원하는 행복의 양은 점점 소박해졌다. 그럼에도 나는 쉽사리 행복해지지 않았다. 생각이 많아져서가 아닐까 생각해본다. 희망을 생각해야 하지만 근심과 집착을 생각한다. 그 생각은 꼬리에 꼬리를 물어 상념이 된다. 그만큼 근심과 집착도 커져만 간다. 희망을 잊어가는 한편으로 근심과 집착은 행복을 잠식한다.
잊어가는 희망으로 인해 꿈을 잃어버린 걸까? 더 이상 꿈을 꿀 수 없게 된 건 아닐까? 밤 하늘에 빛나는 별을 보며 꿈을 꾸곤 했다. 하지만 이제는 바닥에 떨어진 별들을 쓸어 담느라 마음이 조급하기만 하다. 하늘엔 셀 수 없이 많은 별들이 반짝이고 있지만, 얼마 되지 않는 떨어진 별들에 집착한다. 떠나간 것은 더 이상 나의 것이 아니건만, 부질없는 미련은 집착이 되어 행복을 잠식한다.

희미해져 가는 행복을 밝히기 위해 별을 보며 꿈을 꿔야 하지 않을까? 어두운 밤에 빛이 되는 건 떨어진 별이 아닌 하늘에서 반짝이는 별들일 테니.

스스로에게 나직이 말해 본다. 생각은 접어두고 꿈을 꾸기 시작하자. 하지만 그 와중에도 나는 생각에 잠겨 있다.

행복 아닌 것 찾기

71년생 ⌒ 이미경

행복행복행복행복행복행복행복행복행복행복행복행복행복행복
행복행복행복행복행복행복행복행복행복행복행복행복행복행복
행복행복행복행복행복행복행복행복행복행복행복행복행복행복
행복행복행복여행행복행복행복행복행복행복행복행복행복행복
행복행복행복행복행복행복행복행복행복행복불행행복행복행복
행복행복행복행복행복행복행복행복행복행복행복행복행복행복
행복행복행복행복행복행복행복행복행복행복행복행복행복행복
행복행복행복행주행복행복행복행복행복행복행복행복행복행복
행복행복행복행복행복행복행복행복행복행복행복행복행복행복
행복행복행복행복행복행복행복행복행성행복행복행복행복행복
행복행복행복행복행복행복행복행복행복행복행복행복행복행복
행복행복행복행복행복행복행복행복행복행복행복행복행복행복
행복행복행복행복행복행복행복행복행복행복행복행복아닌것찾기!

행복한 순간을 떠올렸다. 초등학교 2학년 때 아빠친구분이 주신 용돈으로 너무 갖고 싶던 샤프를 샀던 날, 초등학교 4학년 때 문제집 마지막 장을 닫으며 스스로 뿌듯해 했던 그 순간, 계몽사 전집 100권을 다 읽은 겨울방학의 마지막 날, 첫 피아노 콩쿨에 나가서 2등 상을 받은 날, 중학교 2학년 때 수학 100점을 받은 날, 미술대회에 나가서 상 받은 날, 대학에 합격한 날, 짝사랑하던 친구에게 고백 받은 날, 처음 남자친구와 손잡은 날, 첫 번째 장학금을 받은 날, 멀리서 공부하던 친구의 보고 싶다는 편지를 받은 날, 첫 그림책이 나오던 날…….
기억을 돌이키다 보니 행복했던 날이 헤아릴 수 없이 많았다. 저절로 미소가 지어졌고 난 기록을 멈췄다. 행복을 위해 행복을 찾기 위해 살아온 줄 알았는데 아니었구나……. 행복한 순간들이 나를 살게 한 거였어…….

소확행

74년생 ⌒ 이병헌

man & woman

출장지에 좋아하는 밴드가 공연을 온다.
서풍이 불지 않는 날만이라도 맑은 공기를 마셨으면 좋겠다.
이어폰을 세탁기에 넣고 돌렸는데 음질이 깨끗해졌다.
데프 레퍼드Def Leppard가 2018년 로큰롤 명예의 전당에
헌액될 듯하다.
삼각지에서 대구탕을 먹었다.
8년전 맞춘 양복이 (어쨌든) 들어는 간다.
사람들이 나더러 동안이란다.
분단 이후 처음으로 남북간 적대행위가 금지된다.
하늘이 파랗다. 포카리스웨트처럼.
마흔여섯에 장가드는 친구 결혼식에 갔다.
말짱하다. 어제 먹은 먹태와 대구탕이 밤사이 멋진 해장국이
되었나 보다.
행복하려 애쓰지 않고
행복하려 집착하지 않고

지천명을 넘어

66년생 ⌒ 이영철

공자가 나이 쉰에 세상의 이치를 깨달았다는 지천명知天命을 지난 후부터는 '참 행복'이 무엇인지 되묻곤 한다.

2016년 통계청 발표에 따르면 우리나라 평균 기대수명이 82.4세라고 한다. 모두들 장수長壽가 행복의 종착지라 여기며 달려가는 듯싶다. 그런데 2017년도 국민건강보험공단이 펴낸 보고서에 의하면 사망 전 1년 동안 지출되는 의료비가 약 3,600만원이라고 한다. 암보다 무섭다고 하는 치매를 앓을 경우 간병으로 인한 가족들의 고통은 뒤로 하더라도 환자 자신의 자존감을 지켜내는 것이 쉽지 않다.

최소 수만 년 동안 진화해 온 뇌의 변화 적응력과 육체적 생명 연장지수의 불일치는 어쩌면 자연스러운 결과라고 볼 수 있다. 세월이 지나 이 또한 과학문명의 성과로 그 간극을 메울 수 있을지는 모르겠으나 당분간은 난망해 보인다.
오래 살고 싶은 욕망은 생명체의 원초적 욕구에 해당되겠으나 이쯤 되면 하늘의 뜻을 알아 그에 순응하는 삶의 자세를 화두 삼아 봄직하다.

태어난 시기를 온전히 스스로 택일할 수 없었듯이 죽음의 시기 또한 선택할 자유가 없다면 죽음을 대하는 관점만이라도 바꾸는 것이 지천명을 넘긴 자에게 주어진 참 행복을 선택할 수 있는 자유의지라고 말하고 싶다.

나의 작은 행복론

95년생 ⌒ 이영철

요즘 들어 부쩍 미디어에 자주 등장하는 '행복'에 대해 한참을 생각해보았다. TV나 신문을 통해 매일 한 번 정도는 마주하는 주제가 바로 소확행 등의 '행복론'이다.

과연 행복이란 무엇이며 왜 이렇게 사람들이 목말라하는가? 사전을 찾아보면 '행복이란 복된 좋은 운수, 또는 생활에서 충분한 만족과 기쁨을 느끼어 흐뭇함 또는 그러한 상태'라고 정의되어있다. 그 사전적 의미를 읽고 문득 "나는 과연 행복한 사람인가"라는 의문이 생기면서 항상 다른 사람과 비교하는 나 자신과 마주했다.

어찌 보면 나는 항상 "행복하게 살아야지"라고 막연하게 생각만 하지 실제로는 행복해지기 위해 어떤 특별한 노력을 기울이지는 않은 것 같다. 항상 행복을 상대적으로만 봐왔고 남과 나를 비교했을 때 내가 부족하지 않고 오히려 뛰어날 때 그것을 행복이라

DOG
JAZZ-ER

생각해왔다. 그렇기에 항상 경쟁적인 마인드로 생활해왔고 남과 비교하여 내가 부족하다고 느껴지면 스스로 불행하다 생각하며 그 부족한 부분을 채우기 위해 안간힘을 써왔다. 그 부족함이 어느 정도 채워지면서 남과 최소한 비등해졌다고 생각되면 이내 그것을 행복이라 생각하며 살아왔다. 그것은 착각이었다. 결국에는 스스로가 자격지심이라는 늪에 빠져 헤어날 수 없는 삶을 살고 있었던 것이다.
이것은 나에게만 국한되는 것이 아니라 경쟁사회에서 살고 있는 대부분의 사람들도 똑같을 것이다. 일상에서 누구나 한번쯤 마주하게 되는 열등감. 그리고 그것을 극복했을 때는 행복하다 느끼지만 결국 돌아오는 것은 주위를 맴도는 또 다른 열등감.

이러한 상황을 극복하기 위해 먼저 자신을 되돌아보았다. 한때 나는 운동을 정말 즐겁게 했었다. 농구, 탁구, 헬스를 즐겨 했다. 비록 잘하진 못했지만 정말 행복하게 뛰었던 기억이 있었다. 최근 들어 잃어버린 행복을 되찾기 위해 운동을 다시 시작했다.
귀가시간을 1~2시간 미뤄가며 땀 흘려 체력 운동을 하고 짬짬이 남는 시간에 동료들과 탁구나 농구게임을 즐긴다. 지금 나의 생활은 운동하기 전 일상과는 크게 달라진 것은 없다. 단지 귀가시간이 조금 늦어지고 그만큼의 수면시간이 줄어든 정도이다. 하지만 삶의 만족도는 완전히 달라졌다고 봐도 틀리지 않다.
운동을 시작한 지 1년이 지나자 아침에 힘들게 일어나던 것이 가뿐해지고, 항상 지옥 같은 출근길에도 나름의 여유가 생겼다. 동료들과의 관계도 더욱 끈끈해져 전체적인 행복지수가 올라간 느낌이다. 가장 중요한 점은 내 스스로가 운동하는 그 순간만큼은 정말 즐겁고 행복하다고 느낀다는 점이다.
물웅덩이에 작은 돌을 던졌을 뿐인데 파동이 널리 널리 퍼져나가는 것처럼 나의 삶도 운동이라는 작은 돌멩이에서 시작하여 행복한 일상이라는 넓은 파동으로, 긍정적으로 변해 왔다. 쳇바퀴 같은 삶과 경쟁사회에 지친 현대인에게 남과 비교를 통해서 행복을 찾기 보다는 스스로 고민하여 자신에게 맞는 진정한 행복을 찾는 것이 중요하다고 생각한다.

세계에는 70억명의 사람이 있고 그 70억명의 사람에겐 각자의 개성이 있다. 작고 단순하지만 자신의 취미생활을 통해 행복을 느끼는 것이 진정한 행복을 찾는 지름길일 것이다.

나만의 행복 매뉴얼

73년생 ⌒ 이은실

1. 드립 커피 한 잔으로 하루를 시작하기. 이때 라디오 주파수는 FM93.1. 바로크 음악과 함께 한다. 잠들기 전 모닝 커피향을 생각하면 언제나 마음이 설렌다. 행복한 내일이 기다려지는 거다.
2. 악기 연주하기. 첼로와 피아노 연주가 취미다. 연주할 때는 한 곡을 목표로 파는데 성취하고 나면 그 재미가 쏠쏠하다.
3. 이말산과 북한산 둘레길 산책하며 사색하기. 걷는 게 내 체질에 맞는 것 같다. 걸으면 왠지 기분이 좋아진다. 나는 오늘도 씩씩하게 걷는다.
4. 식물들 물주며 돌보기. 미세먼지로 우울했던 나를 치유해 준 식물들 넘 고맙다. 현재 50종 넘게 돌봐주고 있다.
5. 가족들 모두 각자 터로 떠난 뒤 혼자 있는 조용한 내 집. 진짜 좋다! 난 월요일 아침이 특히 좋다.

이러한 것들이 나의 소소한 행복 매뉴얼들이다. 이 시간들을 통해 자유와 에너지를 얻는다. 나만의 매뉴얼로 가족과 친구들과의 관계 속에서도 나의 충만한 기운을 전해줄 수 있어 또한 기쁘다. 이 아름다운 공간에서 내가 연주하는 곡들은 내 삶의 배경음악이 된다.
사계절의 순환을 보면서 순간은 짧고 모든 것이 다 지나간다는 것을 자각한다. 그래서 현재의 순간들은 소중해지고, 현재 살아있음이 감사하다. 우린 살아지지만 또한 살아나가야 한다. 내가 던지는 삶의 질문들을 통해 능동적이고 창조적인 하루들을 살 수 있다는 것. 깨달아서 참 행복하다.
행복은 파랑새처럼 늘 가까이 있으며 단순하다. 행복열쇠를 쥐고 있는 건 바로 나 자신이다. 내가 있는 이곳에서 내가 가진 것으로 할 수 있는 것을 하면서 사는 것. 나의 행복은 모두의 행복이다.

나는 행복 바이러스를 전염시키는 좀비가 되고 싶다.

행복은 찾는 것이 아니라
삶 속에 녹아있는 것

61년생 ⌒ 이장규

어머님 팔순 모임 때문에 시골에 갔다가 서울로 올라오면서, 광속과도 같은 우리네 삶 속에 담긴 추억들이 생각나 잠시 그 속에 잠겨보았다.
그렇게도 고왔던 작은어머님의 처녀 때 모습도 떠오르고, 씩씩했던 고모님의 목소리도 들리는 듯하고, 술잔을 주고받는 작은아버님들의 웃음 띈 얼굴에서 돌아가신 아버님의 모습을 찾아보기도 하고…….
어머님께서는 여러 주변 상황 때문에 팔순 잔치를 만류하셨는데, 만일 그래서 이런 시간을 가질 수 없었다면 어떻게 되었을까? 그렇게나 좋아하시는 친척들의 모습을 볼 수 없었다면, 특히 모임을 끝내고 다음날 서울로 돌아가는 나를 보며 "고맙다, 셋째야~" 하시는 어머님의 목소리를 들을 수 없었다면……. 그 말씀에 눈시울이 뜨거워지면서 기쁨이 스멀거렸다.
역사에, 삶에 가정이란 없겠으나 노모의 생신처럼 특별한 날에는 그런 생각을 갖지 않을 수가 없다. 사랑하는 사람이 살아서 옆에 있다는 것이 얼마나 다행스럽고 행복한 일인가.
최근 한 이십여 일 동안 행복을 주제로 글을 써보려 노력했는데 잘 풀리질 않았더랬다. 마치 꽉 막힌 고속도로처럼.
그런데 오늘, 행복이 그저 삶 속 녹아있는 것임을 알았다. 행복은 찾는 것이 아니라 언제나 내 곁에, 내 안에 있는 것임을. 마치 파랑새처럼.

인생 뭐 있어?

74년생 ⌒ 이정민

"행복 뭐 있어?

씨원한 맥주 첫 모금의 짜릿함에 기분 좋으면
아직 살아있는 거지.
거기에 소주 쫌 타면 행복 두 배?
행복한 사람과 함께 하는 행복한 시간.
그리고 행복한 외침!

“이모! 여기요~”

술꾼이 주종을 가리지 않는 것처럼 행복의 경중을 가린다는 것은 무의미한 일이다. 행복에 크고 작음이 어디 있겠는가. 도수가 세고 약하고가 어디 있겠는가. 행복은 그냥 그 이름 자체로 순도 100%다. 그걸 마음으로 받아들이느냐, 아니냐의 차이만이 있을 뿐. 오늘도 행복에 한번 얼큰하게 취해보자.

우리는 누군가의 행복

02년생 ⌒ 임서진

‘행복’이라는 말이 우리에게 부담으로 다가올 때가 있다. 꼭 행복해야 한다는 압박감이 들기 때문이다. 우리는 이 사회에서 진정한 의미의 ‘행복’을 보기 어렵기 때문에 사소한 것 하나에도 행복해하며 그것으로 인해 살아가는지도 모르겠다.

반대로 생각해보면 행복하길 바라는 내가 누군가의 행복이 될 수도 있다. 내 하루의 시작과 끝을 궁금해하는 사람이 있을 것이며, 누군가 어둠이 가득한 밤 하늘의 별 하나를 바라보며 “사랑하는 그 사람이 부디 행복하게 해주세요.”하고 기도하는 그 ‘기도의 대상’이 내가 될 수도 있다.

행복은 생각보다 가까이에 있다. 그리 멀리 있지 않다. 단지 우리의 ‘힘듦’ 때문에 보지 못하는 것뿐이다. 어렵고 또 어렵겠지만 조금만 더 눈을 떠 내 주변의 행복을 찾아보자. 현재에 충실하고 매사에 감사하자. 그리고 또 기억하자. 내가 누군가의 ‘행복’이 될 수 있다는 것을 기억하자. 누군가의 행복인 내가 불행하게 살아선 안 되지 않겠는가.

얄미운 행복

70년생 ⌒ 정미양

영화가 시작되기 직전에는 늘 즐거운 기대감이 차오른다. 감독들이 첫 장면에 중요한 메시지를 담는 이유다.

정유역변丁酉逆變, 정조1년, 1777년 7월28일, 노론 홍상범 주도하에 일어난 정조 암살 모의사건 직전의 24시간을 다룬 영화 <역린逆鱗>(2014)은 중용中庸 23장과 함께 시작된다.

"작은 일도 무시하지 않고 최선을 다해야 한다. 작은 일에도 최선을 다하면 정성스럽게 된다. 정성스럽게 되면 겉에 배어 나오고, 겉에 배어 나오면 겉으로 드러나고, 겉으로 드러나면 이내 밝아지고, 밝아지면 남을 감동시키고, 남을 감동시키면 이내 변하게 되고, 변하면 생육生育된다. 그러니 오직 세상에서 지극히 정성을 다하는 사람만이 나와 세상을 변하게 할 수 있다."

2018

지극히 겸손하고 순수한 마음으로 작은 일에 정성을 다하면, 그 정성이 점차 자신의 외면적 행동과 내면적 깨달음으로 드러나고, 그 드러남은 타인에게 감동을 주며, 타인의 감동은 나와 세상의 변화를 불러온다는 뜻이다.

영화는 중용 23장의 의미를 잘 그려냈다. 궁 안의 소소한 어려움을 세심하게 살펴준 정조에게 우정을 느끼는 내시 갑수, 황폐한 환경 속에서도 따듯한 마음으로 자신을 보살펴 준 갑수에게 형제애를 느끼는 살수殺手 을수, 언제나 멀리서 묵묵히 도와준 을수에게 깊은 사랑의 감정을 느끼는 궁녀 월례.
이들 세 명은 정조 암살 임무를 띠고 궁에 들어온다. 그러나 내시 갑수를 향한 정조의 작지만 지극한 정성은 변화의 단초가 된다. 결국 이들은 정조를 살리는 일에 뛰어들고 정조는 암살의 위기에서 벗어나게 된다.

성장이란 정성스런 고통의 인내가 빚어낸 바람직한 방향으로의 변화이다. 실제로 정유역변의 고통을 극복한 정조와 조선사회는 한층 성장했다. 정조는 조선 최고의 개혁 국왕이 되었고, 조선은 문화적 르네상스를 맞이했다.

톨스토이는 성장에 대해 이렇게 말했다. "인생의 행복은 성장에 있다!" 그렇다면, 고통스럽지만 지극한 정성으로 시간을 견딘 자에게는 성장이라는 행복의 파랑새가 찾아올까? 행복의 파랑새를 만난 사람들이 만드는 세상은 이전보다 행복해질까? 설렌다.

나의 소확행 — 자전거 여행

67년생 ⌒ 채수완

미술 심리 프로그램 중에 스트레스 지수를 그림으로 간단히 알아볼 수 있는 테스트가 있는데, 갑자기 쏟아지는 비를 만났을 때의 내 모습 그리기이다. 스트레스를 슬기롭게 잘 대처하는 사람들은 우산을 그린다든가, 겉옷으로 머리를 가린다든가, 큰 나무 밑에서 비를 피하는 모습 등 다양한 방법으로 그림 속의 나를 표현하는데, 스트레스에 취약한 사람들은 갑자기 맡겨진 과업을 어떻게 풀어야 할지 몰라서 그냥 비 맞고 있는 자신을 그리는 사람들도 적지 않다고 한다. 말 그대로 스트레스를 어떻게 풀어야 할지 모르거나, 알고 있더라도 휴일에는 침대나 소파에서 부족한 잠 보충하면서 쉬는 정도라는 것이다. 나 또한 황금 같은 휴일에 잠으로 피로를 풀면서 뒹굴뒹굴 해보았지만, 해소되지 않는 2%가 남아있기 마련이다.

비도 여우비, 안개비, 소나기 등 그 종류가 많을 것인데, 비의 굵기가 스트레스의 경중輕重을 나눈다고 한다. 그러니까 비는 스트레스의 강도이고 비를 피하기 위해 등장하는 도구가 스트레스를 풀기 위한 수단이 되는 것이다. 그러나 비를 맞고 있더라도 표정이 즐겁다면 나름대로의 해결방법이 있을 것이니 염려할 정도는 아니라고 한다.

나도 테스트를 할 때는 창 넓은 찻집에서 커피 향기 맡으며 내리는 비를 감상하는 다소 정적인 모습의 그림을 그렸으나, 실제 스트레스를 해소해주는 도구는 자전거이다. 봄, 여름, 가을, 겨울 상관없이 언제든 마음만 먹으면 여행처럼 떠날 수 있어서 좋고, 거북이처럼 느리지만 아날로그적 감성과 낭만을 느낄 수 있어서 좋다. 무엇보다 사계절이 주는 아름다운 풍경과 바람 냄새를 맡아볼 수 있어서 더없이 좋다. 하릴없이 바람 속을 질주하다가 어느 한적한 길가에 자전거를 세워둔 채 커피 한 잔 마실 때, 비로소 기생충처럼 붙어 있던 나머지 2%마저 해소되는 느낌이다.

행복은 멀리 있는 것이 아니라 주어지는 작은 것들에게 감사하면 그만큼 행복해지는 것 같다. 사랑하는 가족과 함께 할 때도 좋아하는 일에 몰입할 때도 물론 행복할 테지만, 그 모든 굴레에서 벗어나서 오롯하게 자유를 만끽하는 그 순간이 가장 행복한 순간이 아닐까 싶다. 그래서 나만의 시간을 더 오래 갖기 위해, 더 멀리 가기 위해 심장이 터지도록 페달을 밟아보는 지도 모른다. 소소하지만 확실한 행복을 느껴보기 위하여!

작은 미소

69년생 ⌒ 조용훈

무대 위의 나를 빛이 나게 도와주는 화려한 조명과 관객들의 함성 소리. 무대 위의 시간은 내겐 정말 행복하고 소중한 시간이다.
노래 한 곡이 끝나려면 4분 정도의 시간이 필요하다. 그 짧은 시간이 영화 한 편의 시간처럼 길게 느껴진다. 그 긴장의 굴레 속에서 나는 즐기며 웃으며 눈물을 흘린다.
정신을 집중해서 노래를 하는 그 짧은 시간, 공연을 하는 도중에도 갑자기 외로움을 느끼는 찰나의 순간이 있다.
우리 삶의 주변엔 앞에서 웃어주고, 응원해주고 또는 충고를 해주는 많은 친구들 그리고 가족들이 있다. 그들의 내면 속에는 본인들조차 관리가 되지 않는 큰 자기애가 있다. 그 안에서 어김없이 쫓아 나오는 이기적인 생각들을 그저 끄덕이다 보면 우리 모두는 어쩔 수 없는 타인이라는 단어로 귀결이 되곤 한다.
모두가 철저히 타인이라는 생각이 사람을 얼마나 힘들고 외롭게 만드는지 우리는 잘 안다. 그러나 여기에서 멈추면 나는 그리고 우리는 어렵다. 풀어 나가야지. 내가 하고 있는 밴드음악에서 그랬던 것처럼.
내가 건넨 손이 그의 마음을 풀어줄 것이고, 빌려준 어깨가 그들의 슬픔을 잠시나마 잊게 해줄 것을 우리는 안다.
타인의 사전적 의미를 부여잡고 힘들어하는 시간에 모두에게 건네는 나의 작은 성의가 또 나에게 보내주는 그들의 작은 미소가 우리를 얼마나 행복하게 해주는지, 그것을 아는 것이 필요한 시기인 것 같다.

내가 사랑하는 파랑새

55년생 ⌒ 주경

난 어려서부터 파랑새가 나오는 동화책을 엄청 좋아했었다. 그리고 지금은 바비킴의 파랑새와 이문세의 파랑새 노래도 좋아한다. 다른 이유는 없다. 이 노래들을 들으면 마냥 행복하다. 행복하고 또 행복해진다.

그림 한 장을 마주한다. 나뭇잎 사이에 숨은 고양이도, 파랑새도, 강아지도, 이름 모를 동물도 무언가를 찾으려 하는 것 같다. 그러고 보니 나도 우리 모두도 무엇인가를 찾으려 한다. 그래서 이 그림을 선택했다. 이 그림이 좋다. 예쁜 그림을 보면 많이 행복하다. 행복하고 또 행복해진다.

그냥 장난처럼 시작한 책 기획인데 행복의 나래를 펼칠 것 같다.
그저
고맙다…….
나는 늘 행복하다.

예쁘고 무언가 사연이 있는 그림. 많이 그려 주세요.
덕분에 정말……. 늘 즐겁고 행복합니다.

행복은 혼자 이루는 것이 아니라, 우리가 함께 만들어가는 것이다.

어땠을까?

71년생 ⌒ 한성희

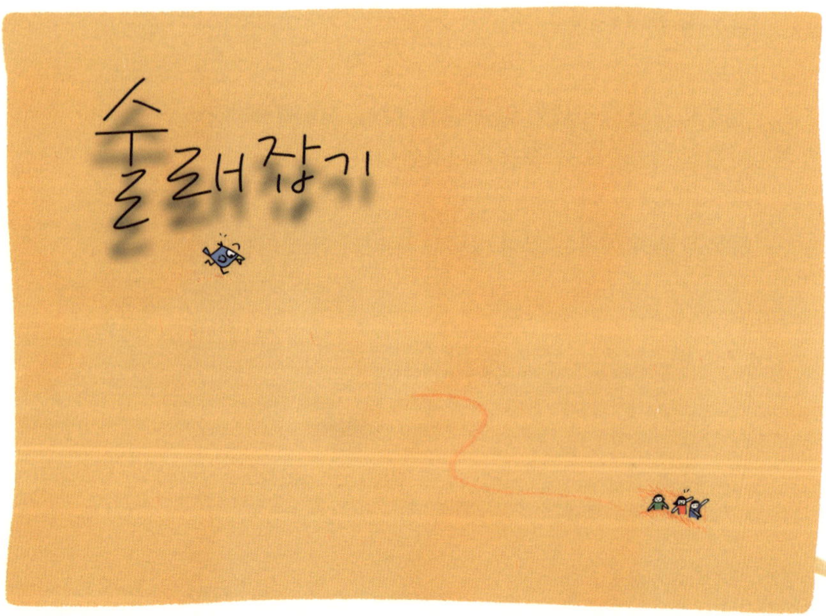

내가 생각하는 행복!
질문부터 던져본다.
"지나온 나의 삶에서 행복했을 때는?"
바로 딱하고 떠오르지 않는다. 왜일까? 행복했던 때가 많아서일까? 그래서 딱히 이거다 하고 말하지 못하는 걸까? 아니면 행복한 적이 없어서일까?
어릴 때부터 지금까지의 삶을 쭉 돌이켜보면서 질문의 답을 찾고자 작은 실마리라도 떠올려본다. 그러나 이내 지친다. 자괴감도 들고. 그런데 희한하게도 "그때 이랬으면 어땠을까?" "그렇게 하지 말고 저랬으면 어땠을까?"하는 생각이 꼬리에 꼬리를 문다.
그만큼 후회할 일이 많았었나 보다. 결국 내 결정과 판단이었지만 세월이 지나고, 또는 그 시점이 지나고 나서는 결국 후회다.
과거에 했던 바보 같은 결정과 행동을 자책하면서 전후사정을 따져보니 그래도 내게 다가온 행복과 행운의 순간들이 적지 않았었구나, 하는 생각이 든다. 그때 조금만 참았더라면, 그때 조금만 용기를 더 냈더라면, 아 그때, 아 그때…….
지금 생각해보면 어렵지 않았던 일이고, 또는 그 작은 결정에 의해 삶의 경로가 바뀌었을 것도 같다.
행복은 멀리 있지 않았었다. 늘 내 옆에 나와 함께 있었는데…….
그렇다면 지금도 내 옆에 있겠네? 내가 관계 맺고 있는 그 누구와 함께, 내가 읽고 있는 책들 속에, 내가 듣고 있는 이 음악과 함께……. 내가 알아차리기를 그리고 나의 선택을 애타게 기다리고 있겠네!? 갑자기 따듯해 진다. 내 마음이.

또 먼 훗날 오늘을 기억하며, 그때 잡아챘더라면 어땠을까, 라고 후회하지 않는 삶을 살아야겠다고 결심하는 밤이다.

서른여덟의 봄

81년생 ⌒ 하미라

많은 것이 복잡했다. 그래서 어지러웠다.
나는 행복하기 위해서 사는데, 그것은 분명한데, 행복하기 위해서 하고 있는 내 모든 것들이 날 전혀 행복하게 만들어주지 못했다. 자꾸만 부족하고, 자꾸만 메마르고, 자꾸만 아팠다. 그 어느 것도 행복하지 않았다.

눈에 보이지 않는 그 어떤 무엇을 잡기 위해 얼마나 아등바등 거리며 살아왔는지 모른다. 일을 하면 나아질까? 결혼을 하면, 아이가 생기면 나아질까? 그렇게 하나하나 이루어냈지만 그것들이 나에게 행복을 만들어주지는 않았다.
어느새 서른아홉을 앞둔 나는 두 아이의 엄마가 되었고 여전히 무엇을 좇고 있다. 처음엔 행복이라 믿고 좇고 있던 그것이 이제는 '시간'이 되고 '추억'이 되고 또 '기다림'이 되어있다. 돌아보면 일상의 소소한 즐거움도, 기쁨도 제대로 만끽하지도 못하고 놓쳐버렸다.

한참을 길을 잃고 헤매고 다녀보니 결국 내 눈을 가린 것도 내 자신이었고, 잃어버린 길도 결국 내 안에 있었다. 하지만 난 늘 밖에서만 찾으려고 했었다. 이제 조금은 알 것 같다. 날 보며 환하게 웃어주는 아이들을 마주보며 미소 짓는 시간도, 맛있는 음식을 먹는 그 순간의 즐거움도, 가끔 훌쩍 떠나는 하루짜리 여행도 순간의 행복이라는 것을.

얼마 남지 않은 서른여덟의 겨울이지만 내 마음은 이제 봄이다.
다가오는 순간을 느끼고 그 순간에 피어나는 꽃을 사랑하려고 한다.

오늘의 나를, 지금의 나를, 서른여덟의 봄을.

백양사에서

64년생 ⌒ 한경희

더 이상 내려갈 기력 없던 날
누군가 찍은 백양사
하늘 가린 울창한 숲 사진 보다가
통
하며 튀어 오르던 마음

오래전
가다가 돌아온
늘 마음에 머물던 길

축복처럼 환한 단풍 그늘
산사 입구에서 당신은 지팡이를 샀다
먼 길 함께 가기 위해

행복의 조건

69년생 ⌒ 황규연

1등은 이미 정해져 있다?

사람들은 누구나 행복을 꿈꾼다. 그런데 행복을 꿈꾸는 사람들 중에는 최고의 자리를 꿈꾸는 사람들이 적지 않다. 학생들은 성적으로, 직장인은 남보다 빠른 승진으로, 프로선수들이라면 연봉으로 자신의 가치를 인정받고 싶어 한다. 인지상정이다.

고등학생 시절 내내 전교 1등을 한번도 놓친 적 없는 일류대학 출신이 운까지 좋아 최연소 대기업 임원이 되었다는 성공시대 주인공 이야기. 더 이상 신기할 것도, 부러워할 것도 없는 진부한 우스개 소재이다. 그들만의 리그일 뿐이다.

노력한 만큼 보상을 받는 것은 당연한 결과이니 이를 힐난하자는 게 아니다. 최고만이 인정받고 행복할거라고 믿는 사람들에겐 할 말 없지만 중요한 것은 누구에게 인정받느냐의 문제가 아닐까?

넘버 3라고 덜 행복한 것일까?
행복의 조건을 얘기하자니 어린 시절을 돌이켜 생각해보게 된다. 성적은 늘 상위권을 유지했으며 축구나 야구를 좋아하던 아이. 중고등학교 시절엔 당구도 잘 쳤으며, 바둑도 잘 두었고, 심지어 술도 좋아했다.
그런데 거기까지였다. 무엇을 해도 1등을 했던 기억은 없다. 1등은 항상 (혹은 이미) 정해져 있다는 생각이 각인되었기 때문일까? 이것저것 다 잘했지만 정말 특출나게 잘 하는 건 하나도 없었다. 내 꿈과 목표는 참으로 소박했다.
제대한 후 친구와 함께 게임회사를 차렸다. PC통신 하이텔이나 나우누리를 기억하시는가? 게임 제작 동호회에서 왕성히 활동하다 정식 게임까지 출시했었다. 사정 모르는 사람들은 컴퓨터 박사일 거라 생각하겠지만 현실은 집에 있는 컴퓨터의 작은 고장도 SOS를 쳐야만 한다. DOS 시절에는 남들보다 조금 나은 정도였지만 지금은 코딩하는 딸아이가 부러운 컴맹 아재일 뿐이다.
정리하자면 수업 파하면 곧장 집으로 달려가서 공부를 하고 1등을 하기보다는 그냥 친구들하고 당구치고 게임하고 놀면서 10등 정도만 하면 만족하는 스타일이었던 것이다. 이것도 기본적인 재능이 조금이라도 있어야 가능한 일이니 감사하게 생각해야 할 것이다.
1등을 위해 죽을 힘을 다해 노력하기보다는 내가 하고 싶은 거 즐기면서 10등 하는 삶. 꿈과 목표가 그러하다 보니 큰 발전은 없지만 그게 살아온 방식이고 또 크게 후회도 없다. 내 그릇은 내가 가장 잘 아는 법이다. 넘버 3라 해도 작은 것에 감사하자.

행복은 성적순이 아니잖아요!
본론으로 돌아가자. 우리는 누구에게 인정받아야 하는가? 공부를

잘하는 학생은 선생님이 아닌 친구들 사이에서 인정받아야 하며, 직장인이라면 직장상사가 아닌 아랫사람에게 인정받아야 하고, 프로선수들은 구단주나 감독이 아닌 팬들에게 인정받아야 한다. 그럴 수 있게 노력하는 사회가 되어야 한다.

건강하고 아름다운 사회는 1등만 기억하는 사회가 아닌 2등, 3등 꼴찌도 행복할 수 있는 사회이다. 2등과 3등, 나아가 꼴찌에게도 아낌없는 박수를 쳐주자. 그것이 행복의 조건이다.

칭찬은 고래도 춤추게 한다고 하지 않는가. 덩치도 큰데 춤까지 잘 추는 고래는 얼마나 행복하겠는가. 우리 서로에게 박수를 쳐주며 행복을 맞이하자.

3

마음의 유산

아버지가 보고 싶은 아버지

67년생 ⌒ 강덕훈

비 오는 밤이다.

언제부터인지 비만 오면 술타령을 하는 버릇이 생겨났다. 아마도 지독하게 외로움을 타면서도 외롭다 말하지 못하는 빌어먹을 유전자가 날 이렇게 만들었나 보다……. 오늘도 소주 한 잔에 세상과 맞짱 뜰 용기가 생겨난다.

하지만. 하지만.

세상을 지배하는 거대한 틀에 밀려……. 화장실 뒤 켠 비상구 밖에서 담배 하나 물어 보는 게 고작이다. 참 이놈은 질기게도 내 옆에 붙어있다. 인생이 맘 먹은 대로 되면 오죽 좋으련만, 50년 넘게 살았는데도 이놈을 이겨낼 논리를 찾아내지 못했다. 그냥 포기하고 공망의 관계를 지속하기로 했다.

오늘 따라 아버지 생각이 많이 난다.

이 담배를 평생 버리지 못하고 결국엔 이놈이 꽂은 비수에 세상을 등지신 아버지 생각이 많이 난다. 누군가 그러더라 아들들에게 아버지는 돌아가신 뒤 몇 년이 지나야 생각난다고, 그렇게 문득 그리워 지는 게 아버지라고……. 나도 언젠가는 이런 아버지로 잊혀지겠지? 큰 아들놈이 늘 바꿔달라는 노트북도, 작은 딸년이 떼 쓰는 아이패드도 오늘은 다 사주고 싶다. 열 받으면 자동으로 꺼지는 내 낡은 작업용 컴퓨터는 못 바꾸더라도…… .

아버지를 불러본다.

술기운에 아주 낮은 톤으로 아버지가 보고 싶다고 말해본다. 뿌옇게 흐려진 안경을 비 탓으로 돌리며 내 자리로 돌아가 또 한바탕 진부한 농담으로 시간을 낭비할 시간이다. 인생 살면서 앞으로 얼마나 많은 선택을 할지 모르지만, 그 선택이 행복이 될 수도 불행이 될 수도 있겠지만, 내가 한 선택들을 믿고 후회하지 않는 삶을 살아야겠다.

비 참 잘 온다…….

가족을 지키는 것.
그것이 행복이다

69년생 ⌒ 강태훈

중학교 2학년 첫째 아들, 초등학교 6학년 둘째 아들과 함께 밥을 먹는다. 생각해보니 오래간만이다. 50대 아버지와 사춘기를 지나고 있는 아들 둘. 그런 남자 셋이 밥을 먹으니 살갑게 오가는 대화가 있을 리 없다.

큰 아들 기분이 별로 안 좋아 보여 무슨 일 있냐 물으니 갑자기 하염없이 눈물만 뚝뚝 흘린다. 여러 가지 얘기를 들어보고 종합해보니 혼자라는 외로움으로 맘 고생이 너무 많았던 우리 아들이다.

엄마가 있어야 할 자리가 빈자리인데 맨날 술만 마시고 늦게 들어오는 아버지마저 빈자리니 이 어린 것이 얼마나 힘들었을까. 그동안 아빠에게 부담을 주지 않으려고 지 나름대로 친구들과 어울리면서 이리저리 잘 버텨왔는데 마음과 달리 계속 사고만 치게 되고, 그 친구들마저 때가 되면 결국 부모 품으로 돌아가는데, 자신은 갈 곳이 없고, 어디 맘 둘 곳이 없고 외로운 거지. 할아버지, 할머니, 아빠, 동생이 있지만 그래도 결국은 혼자인 거지.

눈물이 핑 돈다. 아빠랑 아무도 없는 곳으로 여행가고 싶단다. 학교도 가기 싫단다. 적어도 주말에는 애들과 함께 하려고 한다. 내 새끼들. 가족을 지키는 것. 그것이 행복이다. 다시 한 번 또 생각하고 다짐한다.

선녀와 나무꾼

72년생 ⌒ 김영우

꽃비가 내리던 어느 날은 아니었지만 노총각에게 선녀가 찾아왔고, 우리는 하늘의 뜻인 양 눈부신 사랑을 했다.

얼마 지나지 않아서 선물같이 아기가 찾아왔고 선녀와 노총각은 감사한 마음으로 기쁨의 눈물을 참아가며 극기훈련 같은 육아를 하고 있다(제대하고 민방위도 졸업한지가 까마득한데 유격훈련 다시 받는 기분 이라고나 할까?).

하루이틀이 다르게 무럭무럭 아기가 커가면서 선녀님의 눈에 다크서클이 자주 출몰하고 점점 퀭하시더니 짜증이 많이 느셨다. 그렇다고 고운 마음씨가 변한 건 아닌데 저러다 언제 폭발해서 선녀나라로 가버린다고 하지나 않을지 걱정이다. 그래도 선녀와 아기천사 덕분에 세상 살면서 가장 행복한 나날을 보내고 있다. 난 나무꾼도 아니고 옷을 훔친 적도 없어서 선녀가 도망갈 걱정 없다지만 다크서클이 턱밑까지 내려오면 그것도 모르는 일. 나름 열심히 도와준다고 하는데 더 많이 못해줘서 항상 죄인처럼 미안하다.
선녀를 만나 가정을 꾸리는 꿈을 이뤘고 아기천사가 생겨 인생의 새로운 목표까지 생기니 살면서 요즘처럼 즐거울 때가 없다. 밤늦게까지 온 집안을 휘젓고 기어다니시던 아기천사는 11시가 다 돼서야 잠이 드셨다. 치우고 정리하고 씻고 자려면 휴…….

이 글을 쓰는 와중에도 아기천사께서 내 무릎 위에서 한 참견하고 가셨다. 타이핑은 이렇게 하는 거라며.

"ㅡ,,,,,ㅕㅎ려ㅛㅗㅑㅓㅏ hfcd;hfjzdhkhfeaj"

줏대 있는 삶을 꿈꾸며

72년생 ⌒ 김정수

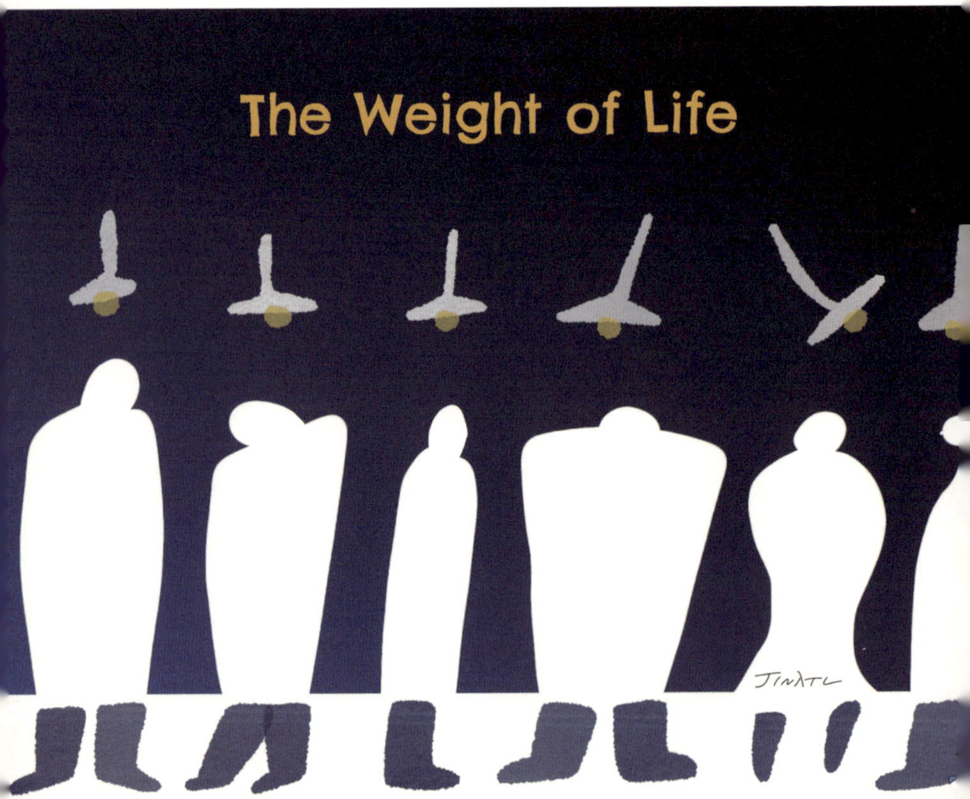

페북에서 임진순 작가의 <100작가 프로젝트>를 접했을 때 굿 아이디어! 역시 임 작가님스러운 일이라 생각했다. 그런데 거기서 좋아요 한 번 누르고, 예의상 댓글 살짝 달아주고 멈췄어야만 했다. 하지만 늘 생각과 행동은 다른 법. 줏대 없이 "저도요!"라고 쓰고 말았다. 어쩌다 던진 취중진담, 아니 취중실언이 오늘 나를 여기까지 오게 만들었다. 팔자에도 없는 원고라니…….

한 달 반쯤 전에 프로젝트 참여를 결정하고 '내가 마지막으로 글을 쓴 게 언제?'하는 물음에 빠졌다. 우물처럼 깊었다. 시간을 길어 올려 찾아낸 해답은 무려 21년 전이었다. 둘째 딸아이가 다니는 어린이집에서 엄마 몰래 아빠가 편지를 써서 읽어주는, 조금은 닭살스런 이벤트에 참여하면서였다. 그때 쓴 편지의 내용은 솔직히 잘 기억이 나지 않지만 아내의 반응은 정확히 기억이 난다.

아내는 다른 엄마들과 함께 자리에 앉아 자기 순서를 기다리면서 '어쩌면 나만 편지를 못 받는 것은 아닐까?'하는 약간의 두려움을 느꼈다고 했다. 정작 편지의 내용보다는 편지를 써준 그 자체에 고마움을 느꼈다고도 했다. 그런 아내의 솔직함에 난 여러 감정이 뒤섞였었다.
'내가 그렇게 소홀한 사람이었나? 아무리 그래도 그렇지. 내용에 대한 간단한 반문이 없나? 만일 편지를 쓰지 않았더라면 어떻게 됐을까?' 등등…….
서운함과 미안함 그리고 형언하기 어려운 생각이 기억의 파편으로 자리를 잡았다. 그리고 오늘 그 기억의 서랍장을 열어보니 다음과 같이 내 앞에 나타났다.
"넌 왜 이리 줏대가 없이 사니?"였다. 조금은 낯설게 느껴지지만 내 머릿속은 이 문장을 되뇌이고 있다.

줏대 [명사]
1. 사물의 가장 중요한 부분.
2. 자기의 처지나 생각을 꿋꿋이 지키고 내세우는 기질이나 기풍.

줏대란 곤조와 객기 또는 아집 등과 비슷한 말일지도 모르겠다. 그런데 줏대라는 단어는 포지티브Positive처럼 보이고 나머지 단어들은 네거티브Negative처럼 느껴지는 것은 나만의 생각일까? 곤조와 객기는 정말이지 내가 제일 싫어하는 것들인데. 이런 생각을 하면 조금은 아이러니하다.

누구나 스스로 줏대 있게 산다고 느낄 것이다. 사실 줏대를 자로 잴 수도 없고, 어쩌면 그 기준은 나 자신만이 느끼는 주관적 산물일 것이다. 나름 줏대 있게 말하고 행동했다 하더라도 제3자가 보기엔 줏대가 없을 수도 혹은, 곤조와 객기로 보일 수도 있다.
아무튼 임 작가님의 대부분 그림이 무제의 형식이다. 내가 선택한 "The Weight of Life"는 제목이 달린 몇 안 되는 작품 중 하나라고 알고 있다. 그래서 (적어도) 내게는 특별한 의미가 있는 작품이다.

이 그림을 가만히 보면 사람들의 머리 위에 흔들리는 전등이 하나씩 있는데 그게 사실은 지하철 안에서 흔들리고 있는 손잡이라는 작가님의 설명을 들었다. 비록 고개를 숙이고 있지만 지하철 손잡이를 잡지 않고 두 발로 꿋꿋하게 서있는 사람들. 삶의 무게를 버티고 선 사람들.

과연 삶의 무게를 지탱하려면 어느 정도의 줏대가 있어야만 할까? 어떤 줏대가 필요할까? 줏대의 사전적 의미가 "사물의 가장 중요한 부분"이라고 하니 살면서 줏대는 꼭 필요할 것이다. 그것이 고단한 삶에 무릎 꿇지 않고 서있게 하는 하는 버팀목이자 원동력일 것이다.

그 줏대가 나에게는 바로 가족이다. 너무나 뻔한 말이라 통속적으로 들릴 수 있고, 그래서 표현과 행동을 덜하게 되는 가족에 대한 사랑. 나는 적어도 우리 가족에게만큼은 줏대 있게 살고 싶다.

다시 가족이 될 수 있을까?

83년생 ⌒ 나일선

S#36-11 술집 앞. 실외. 밤

술집 가게 문 앞에서 담배를 피우고 있는 한 남자. 이내 핸드폰을 꺼내 어디론가 전화를 건다. 순간 남자의 표정이 굳는다. 점멸하는 네온사인으로 인해 남자의 얼굴이 밝아졌다 흐려짐을 반복한다.

일선: 나야 일선이. 오랜만이네. 누나
윤희: 그래. 우리 일선아. 정말 오랜만이다. 나야 윤희 누나……. 잘 지냈어? 잘 지내지? 계속 영화하고 그래?
일선: 그냥 바쁘게 지내. 누나는 페이스북 보니끼 결혼도 했디라? 연락도 안 하고 말야…….
윤희: 그럼. 누나 나이가 몇이니? 우리 일선이 결혼은 했니?
일선: 아직. 일이 바빠서 여의치가 않네. 그나저나 우리 정말 오랜만이다. 할아버지 돌아가시고 못 봤으니 13년인가? 어쩜 연락도 안 하냐? 하나밖에 없는 남동생한테…….
윤희: 벌써 그렇게 됐나? 할머니랑 작은아버지가 우리 아빠한테, 나한테 어떻게 했는데……. 일선이 니가 그걸 아니?
일선: 몰라. 근데 누나. 울 아빠 성격 모르나? 울 아빠가 뭐에 욕심내며 사는 사람이야?
윤희: 아니지. 아닌 거 알지. 그래도. 그때 우리 아빠랑 누난 너무 상처를 많이 받아서…….
일선: ……. 할머니 돌아가셨어.
윤희: …….
일선: 2년 전에 돌아가셨어. 누나한테 연락하려고 여기저기 다 찾아봤다. 아빠도 큰아버지한테 여러 차례 연락드렸었고……. 근데 연락 안 됐다더라. 나도 누나 엄청 찾았고……. 할머니 기일 때마다 누나 생각나서 페북이며 인스타며 엄청 뒤졌지. 지난주에 겨우

찾아서 연락한 거야.

윤희: 그랬구나. 할머니는 어디가……. 안 좋으셨어?

일선: 아니. 대퇴부를 다치셨는데, 연세도 있으시다 보니 계속 누워 계시다가……. 그렇게 됐어.

윤희: …….

일선: 할머니 돌아가시기 전에 누나 찾으셨어. 큰 손녀 보고 싶다고, 누나 찾으셨어. 정말 너무한 거 아니냐? 어른들 일, 아버지들 일이야 그렇다 쳐도 어떻게 하나뿐인 친척 동생한테까지 연락도 다 끊고 사냐? 형제라고는 누나네 셋이랑 나랑 내동생 이렇게 다섯인데, 지금 누나도 "우리 일선이~ 우리 일선이~" 하잖아. 어쩜 이러냐? 우리 생각은 안 나디? 둘째 윤선이 누나야 별로 기억도 없고, 막내 윤미 누나야 나랑 맨날 머리끄덩이 잡아가며 싸우다가 할머니랑 누나한테 디지게 맞은 기억뿐이 없지만, 그래도 누나가 나한테 이러면 안 되지. 할머니가……. 할머니가……. 누나 얼마나 찾았는데……. 이러면 안 되지.

윤희: 누나가 미안하다. 일선아. 누나가 그래도 더 챙기고 했어야 했는데. 이제라도 누나가 더 챙길게. 우리 일선이……. 누나 원주 살아. 한 번 놀러 와. 매형도 소개시켜줄게. 참 한나는 결혼했니? 잘 지내지?

일선: 애가 둘이여~.

윤희: 벌써 그렇게 됐구나……. 누나가 미안하다 일선아. 그래도 앞으로 연락자주 하면서 지내자. 누나가 더 많이 연락할게…….

남자가 담배 하나를 더 입에 문다. 네온사인으로 인해 남자의 얼굴이 흐려졌다 밝아짐을 반복한다.

S# 에필로그

명절 외에는 사실 연락이나 왕래도 없던 친척이지만 어느 날부터인가 명절 모임마저도 끊어져버린 관계가 어색하고 불편했었습니다. 항상 시끌벅적하고 자주 연락하고 만나는 어머니의 친척형제들보다 훨씬 멀고 불편하고 아득한 기억 속의 아버지의 친척형제들…….

그래도 '가족'이라는 두 글자로 인해, 이기 때문에 가슴속이 뭉클하고 아파온 13년의 세월이었습니다. 우리, 다시多時 '가족'이 될 수 있을까요?

힘 너머의 힘

54년생 ⌒ 오시환

벽에 매달린 끈 달린 넥타이를 쳐다보고 있자니
새싹처럼 옛 생각이 새록새록 돋아난다.

저걸 매고 아침 2호선 전철에 휩쓸려 다녔다니
저걸 매고 술 취한 눈으로 돼지갈비를 굽고 또 구웠다니
저걸 매고 여의도를 향한 만원버스에 간밤 술 냄새 풍기고
다녔다니

저걸 매고 밤에도 낮에도 프리젠테이션 준비를 했었다니
저걸 매고 화도 내고 울기도 했었다니
저걸 매고 힘 너머의 힘 앞에 굴복도 했었다니

한동안 내게는 아버지의 모습이 쉽게 펼쳐지지 않았었구나
한동안 내게는 아버지보다는 무너져 갔던 한 남자의 삶만
있었구나
하니,
아버지가 되는 그날에 고작 끈 달린 넥타이 한 개만
준비하였구나

가족생일

63년생 ⌒ 이상록

‘가족생일’이라, 아주 마음에 드는 표현입니다. 둘째 딸이 엄마 아빠의 결혼기념일을 축하한다면서 오늘은 우리 가족의 생일이라고 선포합니다.

28년 전 목사님 앞에서 가정 잘 꾸리고 행복하게 살겠다 약속 했던 게 엊그제 같습니다. 결혼 사진 속의 아내와 나는 한 가정을 이루기에 이르지 않나 싶을 정도로 앳돼 보이는군요.

상계동 단칸방에 신혼 살림을 차리고 아내와 나는 몹시도 행복했습니다. 이듬해 8월 큰 딸을 낳고 곧이어 단칸방을 벗어나 아파트에 입주할 때는 꿈만 같았습니다. 결혼할 때 혼수를 아껴 장만해 둔 아파트에 들어가 살 수 있는 날이 그리도 빨리 올지 몰랐지요.

더 나은 미래를 위해 잠시 살았던 군포. 뒷산에 진달래가 흐드러지게 필 무렵 둘째 딸을 얻었습니다. 아내와 나는 무럭무럭 성장하는 두 아이를 키우며 행복에 젖었습니다. 의왕 호숫가에 소풍가서 즐겁게 노니는 딸들을 바라볼 때, 바로 이곳이 천상이 아닌가 착각이 들 정도로 황홀했습니다.

어느덧 꿈에 그리던 서울의 새 아파트에 입주하였지요. 나름대로 예쁘게 꾸민 집에서 엄마 아빠와 두 딸은 참으로 행복했습니다. 첫 아이의 입학이 그리도 큰 기쁨일 줄은 잘 몰랐습니다. 우연히 방송 인터뷰에 응했다 픽업된, 말 잘하는 작은 딸을 일요일 아침마다 TV에서 볼 수 있었던 즐거움은 큰 자랑거리가 됐었지요.
다시금 엄마의 절약에 아빠의 노력을 더해 조금 더 큰 아파트에 입성하게 되었습니다. 어느 날 아내와 나는 신촌에서 영화 <박하사탕>을 봤습니다. 영화를 본 후 맥주 한 잔을 마시면서 지나가는 말로 "영화처럼 과거로 돌아간다면 나 닮은 아들을 하나 낳았으면 좋겠다."고 했습니다. 아내는 바로 숨도 안 쉬고 "그럼 낳아주면 되지."라고 답했습니다.

딱 1년이 지나 흰눈이 온 세상을 덮은 어느 날에 아들이 세상 밖으로 나왔습니다. 예쁘고 사랑스런 딸들에 바라던 아들까지 더해지니 세상을 다 얻은 것만 같았습니다.

결혼 28주년, 시간은 나는 화살처럼 빨리도 지나갑니다. 큰 딸을 낳았던 단칸방도, 둘째 딸을 낳을 때 폈던 진달래도, 막내 아들을 낳게 했던 박하사탕도 다 아름다운 추억이 되니 행복감에 젖어 입가에 미소가 피어 오릅니다. 모두 감사한 일입니다.

아빠가 내 아빠여서

68년생 ⌒ 이영미

“텔레비전에 눈이 안보여 고통 받는 젊은이의 이야기가 나오더구나. 나는 세상을 볼 만큼 봤으니 젊은 친구에게 눈을 기증하고 싶어 알아보았다. 하지만 살아있는 동안에는 기증이 안되고, 사후에는 내 눈이 노쇠해서 활용하기 어렵다고 하더구나.”
자그마한 교회의 목사님이셨던 아버지께서는 결국 이런 유언을 남기셨습니다.
“내가 죽거든 내 시신을 연구용으로 쓰라고 병원에 기증하였다. 장례식도 하지 말고, 부조도 받지 말고, 장례기간 동안 회사에서 휴가를 주거든 엄마를 모시고 여행이나 다녀오거라. 나는 내가 믿는 하나님 곁으로 가는 것이니 죽음을 슬퍼하지도 말고 오히려 하늘나라에 올라감을 기뻐해달라.”고 하셨습니다.
아버지의 유언대로 장례절차 없이 병원의 차디찬 보관소로 보내드렸습니다. 몇 년이 지난 뒤 시신은 연구용으로 활용되었고 한 줌의 재가 되어 저희 가족의 품으로 다시 돌아오셨습니다.
아버지는 한국전쟁 중에 총상으로 사경을 헤매시다 사후체험까지 경험하신 분입니다. 보훈대상자이셨기에 대전 현충원에 안장할 수 있었습니다. 뒤늦게 편한 곳으로 모시던 그날, 아버지의 뜻에 따라 치르지 못했던 장례식 대신 가족들이 아버지를 기리는 편지를 써서 낭독하고 추모하는 소박한 행사로 보내드렸습니다.

돌아가신 지 벌써 10년이 되었습니다. 현충원으로 아버지를 뵈러 갑니다. 묘지에 꽂힌 조화가 색이 바래져 마음 한구석이 아려옵니다.
아버지는 살아계실 때 세상 욕심 없으시고 남에게 도움을 주려 하시고 하나님 말씀을 실천하며 사시던 존경 받는 성직자셨습니다. 비록 작은 교회이지만 그마저도 다른 목사님께 아무 조건 없이 물려주셨습니다. 자식들에게 남겨주신 재산은 하나도 없지만 아버지의 사랑과 기도로 마음의 유산을 남겨주셨습니다. 저 자랄 때

성적이 오르면 잘했구나 칭찬해주시고, 떨어지면 다음부터 잘하거라 하시고, 울타리는 쳐주시되 자유롭게 자랄 수 있게 방목해주셨으며, 독립적인 인격으로 대우해주셨습니다. 결혼할 때도 "팔다리가 없어도 괜찮고 어떤 조건이든 상관없으니 신앙이 있는 사람을 만나라."고 하셨지만 그 하나의 조건이 충족되지 않는 사위를 받아주시면서 "둘이 하나가 되어 한 가족을 이루었으니 부모로부터 독립하여 너희 가족에게 전념하고 사랑하며 살라."고 해주시던 아버지. 그런 아버지가 보고 싶어 묘비를 쓰다듬으며 바람결에 속삭입니다.

"아빠, 천국에서 행복하시죠? 아빠, 사랑합니다. 그리고 아빠가 제 아빠여서 무척 행복했습니다."

우리는 바다에

01년생 ⌒ 임국희

행복은 오금행 방향으로 훅- 불어가는 바람 같아서, 나는 바닥을 물끄러미 바라보곤 했다. 지하철 바닥은 표면이 매끄러웠다. 두 발자국 뒤로, 다시 한 발자국 앞으로 걸었다. 매끄럽기에 구두 굽 소리가 선명하게 들렸다. 그러다가 모든 감각이 생경해졌다. 나는 아주 오래전 잃어버린 그림자를 찾으러 가는 길이었다.

이번 역은 대화, 대화행 방향 열차입니다.

기계적인 음성이 들림과 동시에 어디선가 낮은 진동이, 바람이 불어왔다. 머리카락을 귀 뒤로 넘기며 핸드폰 메모 글을 읊조렸다. 경기도 천이로 172길 4-39. 천이로 172길 4 다시 39. 낯선 타지에서 숙박업소를 찾는 여행객처럼 마음이 조급해졌다. 그림자는 살 지내고 있을까. 그림자를 잃어버린 뒤로도 나는 크게 불행하진 않았지만 그렇다고 행복하게 지낸 것도 아니었다.

그림자와는 바다에서 처음 만났다. 나는 오랫동안 잠수를 하고 있었고, 그림자도 마찬가지였다. 누가 숨을 더 오래도록 참나 경쟁이라도 하듯 우리는 바다에서 웅크린 채 가만히, 미동도 없이 있었다. 간간이 진동이 느껴지면 팔다리를 조금씩 움직였다. 그날도 마찬가지로 진동을 따라 내가 여기 있다는 신호를 보내고 있는데- 그림자의 손을 잡게 됐다. 나는 그때 그림자가 틀림없이 내 일부분을 가져갔다고, 생각했다. 그렇지 않다면 언제나 손바닥만큼 텅 빈 것만 같은 마음을 설명할 수가 없었다.

천이로 172길 4-39. 그곳은 나와 그림자가 잠시 함께 살았던 곳이었다. 우리는 서로의 손을 잡고 바다에서 흘러나왔다. 바다는 너무 깊어서, 바다를 빠져 나온 이후에도 줄곧 바닥을 바라보곤 했다. 그림자는 그럴 때마다 내 손을 잡고 발끝으로 바닥을 톡. 건드렸다. 그림자의 작은 발에 비해 바닥은 너무 컸다. 안심보단 걱정이 돼서 웃음이 나왔다. 지금 생각해보면, 그때가 가장 행복했던 것 같기도 했다.

원당역에서 내려 마을버스를 타고 그곳으로 향했다. 그곳으로 가는 길은 너무나 쉽고 간단했다. 어렸을 적 기억을 더듬더듬 짚으면 알고 있던 곳이 나왔다. 골목길의 벽화 앞에서 멈춰섰다. 그림자와 나의 모습이 담겨 있었다.
어머니는 우리를 풍선, 이라고 불렀다. 어떤 의미였는지 정확히는 알 수 없었지만 분명했던 건 어머니는 우리를 싫어한다는 거였다. 어머니는 감정을 숨길 만큼 여유가 없었고 항상 우리에게 화를 냈다.

어느 날, 어머니가 처음으로 우리를 안아줬다. 어머니는 우리의 옷을 갈아 입히고, 따뜻하게 담요를 둘러준 뒤에 주머니에 돌을 가득 담으라고 했다. 그렇게 어머니와 우리는 바다로 걸어 들어갔다. 마지막까지 어머니는 우리를 쳐다보지 않고, 새우처럼 등이 굽은 채 죽어갔다. 의식을 되찾았을 때, 매스컴을 통해 가족 중에 혼자 살아남았다는 사실을 알게 됐다.

벽화를 바라봤다. 색이 바래있어 곰팡이가 난 것처럼 지저분했지만 형상은 뚜렷이 보였다. 어린 여자아이가 쥐고 있는 풍선 두 개. 맑게 웃는 여자아이의 얼굴을 보자 속이 울렁거렸다. 모든 게 명징하게 느껴졌다. 바람이 빠진 풍선처럼 몸이 쪼그라들어 죽어가던 그림자. 어머니. 그림자는 마지막까지도 내 손을 잡고, 바닥을 짚어줄 때처럼 다정하고 잔인하게 굴었다. 나를 위로 올려보내던 그 손을, 그림자의 입 밖으로 자꾸만 빠져나오던, 거품을 어떻게 잊을 수 있을까.

벽화를 앞에 두고 도망쳐 나왔다. 가로등 불빛으로 그림자가 보였다. 나보다 커다란 그림자를 보며 손을 흔들었다. 안녕, 언니. 정말 행복해질 수 있을 때 다시 찾아올게. 그러나 마을버스를 타며 생각했다. 어쩌면 그런 날은 오지 않을 수도 있겠다고. 유리창 너머로 보이는 그곳에, 그림자는 아직도 머물러 있었다. 나는 바닥을 내려다봤다. 버스의 바닥은 너무 딱딱해서 눈물이 나왔다. 버스는 몸살을 앓듯 진동하고, 그 안에서 나는 행복은 사랑 같은 감정일 거라고, 막연하게 울며 생각했다.

코스모스 한들한들 피어있는 길

69년생 ⌒ 한유진

페북을 잘 하지 않던 나였지만 대학 후배님의 글림(글+그림)이 좋아 페친을 신청했고, 이제는 따뜻함과 솔직함의 메시지가 느껴지는 그의 글림을 기다리는 팬이 되었다. 그러다 이렇게 재미나고 개인적으로도 너무나 좋은 추억이 될 기획에까지 동참하게 되어 너무나 감사하고 행복하다.
마음에 드는 그림이 있어 선택하려고 했더니 아뿔싸! 이미 다른 사람이 찜. 고르고 고르다 지금의 그림이 내 손 안에 들어왔다.
비록 그림 속 코스모스였지만 마음이 따뜻해짐을 느꼈고 고국인 한국을 떠올리게 만들었다. 하늘하늘 춤추는 가을의 코스모스를 못 본지가 벌써 25년째. 다음 가을에는 코스모스를 보기 위해서라도 꼭 한국을 방문하리라.

25년 전, 신혼여행 1주일 만에 남편을 따라 이곳 인도네시아에 왔다. 몇 년만 근무하면 한국으로 돌아가지 않을까 생각했는데 시간이 이렇게나 지나 이제는 그야말로 제2의 고향이 되었다. 그 사이 두 아들이 성장했다. 큰아들은 어느덧 국방의 의무를 마쳤고, 복학을 위해 캐나다로 떠난 지도 3개월이 지났다. 아쉬움이 채 끝나기도 전에 둘째 아들의 군입대! 엊그제 훈련소 퇴소 후 연천으로 자대배치를 받았다고 연락이 왔다. 입퇴소 때 한국에 가보지 못한 터라 애미 마음이 짠하다. 그래도 정기휴가 때 이곳 인도네시아로 올 수 있다고 하니 벌써부터 아들 얼굴을 생각만해도 눈물이 나려고 한다.

행복이란 것이 그리 멀지 않은 곳에 있음을 실감한다. 그저 사랑하는 가족들이 건강하고 또 만나보고 싶을 때 달려갈 수 있는 곳에 있다면 그것만큼 감사하고 행복한 것이 또 있을까? 멀리 떨어져 있어 시차로 소식전하기도 쉽지 않은데 그래도 잊지 않고 늘 먼저 소식을 전해 오는 큰아들! 항상 씩씩하고 매사에 '열심&긍정'으로 생활하는 아들이 있어 감사하고 행복하다. 사진촬영&편집할 때 가장 행복하다던 둘째 아들! 말수는 적지만 배려심 많고 '책임감&정'이 많은 둘째가 있어 또 감사하고 행복하다. 이 두 아들의 빈자리를 허전하지 않게 항상 유머러스한 대화로 채워주는, 나를 위해 기꺼이 시간을 할애하는 남편이 있어 또또 행복하고 감사하다. 또한 건강하고 밝은 목소리로 통화할 수 있는 친정엄마와 시엄마가 계셔 행복하고, 전화나 SNS로 서로 소식과 안부를 전할 수 있는 형제, 친지, 친구들이 있어 또또또 감사하고 행복하다.

고국을 떠나 타국에 오래 살면서 느낀 게 하나 있다. 한국에 사는 젊은이들에게 떠나고 싶은 헬조선이지만 반대로 고국이 그리워지는 나에겐 그저 코리아란 이름만으로도 감정이 벅차 오른다. 한국의 정, 한국 음식이 그립고, 인도네시아 상점 곳곳에서 들려오는 케이팝 등등이 얼마나 자랑스러운지 모른다.

한편 이곳에도 또한 많은 난민신청자가 있다. 거할 곳, 먹을 것, 입을 것이 넉넉하지 않고 가족과 연락도 거의 하지 못한 채 그저 난민신청 허가가 나기를 기다리고 있다. 그들을 보면서 안쓰러움과 안타까움을 느끼지만 한편으로 그래도 나는 돌아갈 고국이 있다는 것에 다시 한 번 감사함을 느낀다. 행복은 결코 멀지 않은 가까운 곳에 있음을 깨달으며 항상 감사하고 기뻐하며 살자고 이 기회에 다시 한 번 다짐해 본다.

그리고 꼭 한국에서 흐드러지게 핀 가을 코스모스를 보던지 아니면 씨앗이라도 구해다가 이곳 인도네시아 나의 동네에 뿌려 한들한들 피어있는 코스모스 꽃길을 만들어 보리라. 코스모스 꽃길을 볼 생각을 하면서 지금 이 글을 쓰고 있는 이 시간 또한 너무나 감사하고 행복하다. 행복은 결코 거창하지도 않고 또한 먼 곳에 있지도 않더라.

4

행복은
사랑 같은
감정일
거라고

그때 조금만 더

58년생 ⌒ Kevin DC Chang

그때 돌아서 가는 그녀를 조금만 더 잡았거나, 자존심이 상하더라도 그놈의 실수에 관대했거나, 그때 조금만 더 잘했더라면 어떻게 됐을까? 그때 조금만 더 그랬더라면 내 인생이 바뀌었을까? 그때 조금만 더 노력했거나 인간관계를 조금만 더 잘했더라면 지금의 내 인생이 달라졌을까? 과연 그럴까? 아니, 그렇지 않을 수도 있어…….

거기까지였다. 아니, 거기까지 였을지도 모른다. 돌아보면 삶은 늘 우리를 시험에 들게 했고, 우리는 늘 잘못된 선택을 했던 것 같다.

당시에 조금만 더 하지 못했던 건 성격이 더 할 수가 없었기 때문이기도 하고, 견딜 수 없었던 상황 탓이기도 하다(원래 잘되면 내 탓 못되면 조상 탓이니까!)
사람들과 부딪히고 관계를 잘 못하고 어떤 일이건 참아내는 인내가 부족해서 그런 것은 아니었을지……. 내적으로 성숙하지 못한 탓 일수도 있겠지……. 이제라도 자신이 그만한 그릇인 것을 깨닫고 조금만 더 수행 정진하면 달라질 수 있을까?

지금 생각해보면 "달라질 수 있었다."라고 장담할 수 있다. 왜냐고? 지났으니까! 사람들은 미래를 불안해하고, 현재는 욕망하며, 과거에는 관대하니까. 지났잖아! 다시 돌아오지 않잖아! 과거는 돌아오지 않으니 비로서 위대하고 관대한 '통찰적 후회'를 하게 되는 거야. "그때 조금만 더"라고.
그러니까 "그때……."라는 시간이 지나서 하게 되는 전지적 시점의 자기위안이야. 그 당시에는 "그때"라는 객관적 시점 자체가 없었으니까.

왜 이런 일이 생기는 걸까? 뇌가 심심한 거지. 마치 공회전하는 자동차 엔진처럼. 마치 우주탐사라는 거창하지만 태양계도 벗어나지 못하는 실력으로, 심지어 누구에게 말하는지도 모른 채 계속해서 허공을 향해, 우주 속에다가 "우리는 너의 친구"라고 전파를 쏘는 것과 같은 범우주적 뻘 짓을 하고 있는 거라구. 그러니 "그때 조금만 더 ○○ 했더라면 난 지금 행복할 텐데……."라는 생각이 들거든 잠이나 조금 더 자라구.

고양이처럼

76년생 ⌒ SK21

"안녕하세요."

그가 대답해왔다. 삼 분 전쯤 나는 그에게 놀아주지 않는 인간에게 매달려 발톱을 세우는 고양이 이모티콘을 보낸 참이었다. 새로 얻은 이모티콘 속의 고양이는 까칠하고, 심술맞고, 도도하고 그리고 조금 귀여워 보였다. 누가 봐도 나와 비슷해 보이리라 생각했다. 도도하고 까칠하고 그리고 귀엽고 통통하게 살이 오른 암고양이 한 마리. 그 고양이 이모티콘은 처음 그에게 보내는 메시지로 적당해 보였다.

'내가 먼저 말을 걸지만, 딱히 당신에게 수그리고 싶은 마음은 없으니 만만하게 보지는 마세요.'

남녀의 일이란 어쩜 이렇게 복잡하고 까다로우며 섬세한 것일까? 메시지 하나, 통화 한 통, 한 번의 제안, 한 번의 만남, 한 끼의 식사……. 세기의 라이벌을 맞이한 바둑 기사처럼 한 수 한 수 신중하게 수를 찾게 된다.

猫처럼....

그렇다. 나는 수도 없이 망하고 망했던 그놈의 '썸'을 3일째 타고 있는 중이었고, 이제 막 그에게 만나자는 메시지를 보낸 참이었다. 머릿속에는 그동안 나보다 어린 여성들에게 수도 없이 던졌던 나의 가당찮은 충고가 메아리치고 있었다.

"야! 남자한테 먼저 연락할 필요 없어. 목 마른 놈이 우물파고, 보고 싶은 놈이 먼저 연락하게 되어있어. 그 남자가 너에게 관심 있음 먼저 연락하겠지."

나는 왜 그런 소리를 해댔던 것일까? 그동안 만났던 연애가 세상 모든 연애인 듯, 마치 내가 다 안다는 듯, 고작 해봐야 망한 연애 경험 몇 번 한 것 가지고. 내 가당찮은 조언에 얼마나 많은 남자들이 여자의 연락을 기다리다 목이 빠졌을까.

한 치 앞도 모르고 던진 지난 날의 허세찬 망언을 끝없이 후회하며 혀를 깨무는 기분으로 그에게 메시지를 보낸다.

"이번 주 시간 어때요?"

겨우 한 마디를 던져놓고 일 초, 이 초 시간이 흘러간다. 딛고 서 있는 세상이 미친 듯 빠른 비트로 울리고 있다. 십 초. 정신이 어질어질하고 바닥이 쿵 올라와 나를 때릴 것만 같다. 이십 초. 드디어 카톡 메시지 옆에 있는 숫자 '1'이 지워졌다. 삼십 초.

"아직 약속 없어요. 만날까요?"

세상에서 가장 상냥한 목소리를 가진 그에게서 답변이 왔다. 울렁거리며 뒤집히던 세상이 아무 일도 없었다는 듯 재빨리 자기 자리로 돌아가 각기 제 시간으로 흐르기 시작했다. 인파가 오가는 시청역 한복판에서 전화기를 들고 바짝 얼어붙은 채 심장이 터져나갈 것 같았던 내 얼굴에도 드디어 온기가 돈다.

"네."

기다렸던 대답에 보내는 한마디 답. 이 한 글자를 보내려고 나는 그동안 얼마나 많은 상대를 떠나 보내고 떠나 왔을까. 그동안 탔던 '썸'의 기억은 아스라히 사라지고, 불타올랐던 '연애'의 기억은 저 짧은 한 글자 뒤로 재처럼 날려진다.
인생 뭘까? 킬킬거리며 다시 한 번 고양이 이모티콘을 연다. 이번엔 앞 발로 하트를 툭 쳐내는 고양이를 골라 보낸다.
'먼저 메시지를 보냈지만, 딱히 보고 싶었던 건 아니야. 흥!'
마음 속의 부질 없는 외침이 전달되었는지 다시 한 번 일 분이 채 흐르기도 전에 답변이 온다. 이 남자의 눈치. 아. 들켰다.

"이 고양이, 당신을 닮았어요."

고양이보다

82년생 ⌒ 하솔

오랜만이야. 내가 술 사준다고 해서 놀랐냐? 그래. 짜식아. 사실 너한테 자랑할 게 있어서 이렇게 부른 거다. 그래도 불알친구인 니가 내 연애사에 대해 다 알고 있지 않냐. 여자 만나냐고? 엉. 그래. 맞아. 하하. 신기하지? 하긴 내가 여자를 사귀고 나서 이렇게 자랑하려고 너 부른 적 한 번도 없었잖아. 그런데 이번에는 정말 자랑하고 싶더라고. 영화 같은 일이었어. 난 그 사람에 대해 별다른 감정이 없었거든. 그저 좋은 사람인 건 알고 있었지만, 한번도 여자로 보이지 않더라고. 그런데 갑자기 전화가 오더라고. 그리고 나랑 만나자고 하더라. 난 내심 놀랐지. 그 사람은 굉장히 내성적이고 조용한 사람이거든. 그런 사람이 나한테 데이트 신청을 하다니. 진짜로 굉장한 일이었어. 다음은 어떻게 되었냐고? 하하. 그렇게 급하게 캐묻지마. 우선 한 잔 하자고. 나도 그때의 설렘을 다시 가져올 시간이 필요하니까. 우리는 남들이 하는 데이트를 똑같이 했어. 우선 맛있는 밥을 먹었지. 내가 자주 가는 레스토랑에 가서 비싼 밥을 사주었지. 그래도 첫 데이트니까 멋있게 보이고 싶더라고. 그리고 나서 영화를 보았지. 그 사람과 나란히 앉아서 영화를

고양이

보니 기분이 묘하더라고. 업무 때문에 얘기를 나누던 사람이, 막상 데이트의 상대로 옆에 앉아서, 같이 앞을 보고 있으니까 말이야. 그래도 아무렇지 않은 척 애쓰며 억지로 영화에 집중하려고 했지. 그런데 잘못했어. 영화가 더럽게 재미없었거든. 이럴 줄 알았으면 그 사람이라도 더 많이 볼 걸 그랬나 봐. 그 다음에 간 곳? 하하. 너도 알다시피 당연히 카페겠지. 차를 마시는 장소는 그녀가 골랐는데……. 그런데 내가 가보지 못한 곳이었어. 다름아닌 고양이 카페였지. 많은 고양이들이 우리를 보고 반겼어. 검은색부터 흰색까지, 뚱뚱한 녀석부터 마른 녀석들까지. 눈을 동그랗게 뜨고 우리를 빤히 쳐다보는데 너무 귀엽고 예쁘더라. 맞아. 나 고양이 별로 안 좋아하잖아. 그런데 마음이 가더라고.
"고양이는 깔끔한 동물이에요. 그리고 보시다시피 요염하고 섹시하죠. 그리고 친해지면 사랑 받고 싶어서, 이렇게 가까이 와서 떨어지지 않을 때도 있어요."
카페 주인이 설명을 해주더라고. 어쨌든 우리는 그곳에서 차를 마시며 고양이를 쓰다듬어 주었어. 굉장히 기분이 좋더라. 그리고 나서 우리는 술을 마셨어. 막상 데이트를 시작하니 헤어지기 싫더라고. 내 제안에 그녀는 따랐고, 우리는 선술집으로 들어가서 술을 열심히 먹었지. 그 뒤로 어떻게 되었냐고? 음……. 그 여자가 고양이보다 훨씬 더 뛰어난 여자라는 걸 알게 되었어. 그날 밤, 그 여자는 고양이보다 더 요염하고 섹시하게 날 유혹했고, 다음 날 아침, 나를 깨끗이 씻겨주며 고양이보다 더 깔끔한 모습을 보여주었고, 그리고 나랑 떨어지기 싫어서, 오후가 될 때까지 매달려 있더라. 괜찮은 것 같아. 고양이 같은, 아니, 고양이보다 더 나은 여자 말이야.

내가 사랑하게 된 그 여자 말이야.

235959

01년생 ⌒ 임세준

1.
내가 말했다.

“오 후 2 3 시 5 9 분 5 9 초.
오 전 0 시 0 0 분 0 0 초.
시 계 는 속 상 하 게 도 계 속 흘 렀 다 . 유 리 속 을 가 만 히 지 켜 보 면 어 떻 게 움 직 일 지 뻔 한 시 계 바 늘 을 나 는 아 직 도 따 라 가 지 못 하 고 있 었 다 .
나는 하고 싶지 않은 생각을 하지 않으려고 노래를 들었다. ‘아이튠즈>보관함>카테고리>힙합’은 내 놀이터. 거기서 한참을 놀았다. 플레이리스트 한 바퀴를 돌면 꼭 68분이 지난다. 시침은 30도를 돌았고, 내 하루는 끝났다. 자기 전엔 내일이 되어 땅거미가 도망치면 또다시 시계바늘을 쫓아 살아야 함에 슬퍼했다. 뭐가 좋은지 웃고 있는 친구 놈을 봤다. 삶을 썩 싫어하지 않는 듯하다는 생각이 미쳐, 나는 조금 더 슬퍼했다. 슬퍼할 겨를도 잠시, 시계는 속상하게도 계속 흘렀다. 나는 더 이상 슬퍼할 수 없어 아쉬웠다. 어릴 적 언젠가 뾰족한 시계 바늘을 무서워하지 않았던 적이 있다. 끝이 선 철붙이에 찔려보지 못해 겁이 없었던 까닭이라면 나는 할 말이 없다. 하지만 열몇 살을 먹은 지금의 나는 애새끼처럼 시계 바늘을 무서워한다. 그것은 지금도 내 옆을 지나서 달려가는 너 때문일 테다. 태엽이 되어서 바늘을 돌렸고 이빨은 무뎌진.”

내가 다시 말했다.

“나는 안 행복한데. 너는 잘 지내냐?(행복하냐?)”

2.

행복하게 살고 싶다.
행복하게 살기 위해 생각을 했었다.
나를 한참 생각하게 만드는 것이 행복이다.
비싼 옷, 비싼 차는 한참 생각해볼 순 없다.
해지고 깨지는 것들이니까.
분명히, 머릿속에서 행복을 이룰 수 있다.
행복하게 살 수 있다.

동강에서

55년생 ⌒ 강명희

나는 한강입니다.

세상에서 가장 겸허한 모습으로
이 순간에도
쉬지 않고 흐르고 있지요.

산골짝 골짝마다
또 다른 나의 분신들이
바위에 시퍼렇게 멍들기도 하고
때론 춤추고 노래하며
나를 향해 달려오고 있어요.

나의 꿈은 오로지
그대와 하나가 되는 것
바다.
드디어 당신과 하나가 되었어요.

거기에서 나는 하늘의 구름을 사모하지요.
사시사철 내 안에 당신을 담그고
당신 닮기를 원합니다.

당신 향한 그리움으로
목말라 죽게 될 때쯤이던 어느 날,
나는 당신의 모습을 하고
황홀한 비상을 하지요.
당신을 닮은 내 모습이 기뻐
눈물을 펑펑 쏟아내지요.

사랑의 기쁨은
나를 다시 가장 낮은 자세로
겸허한 모습으로.
깊은 산골짝에서 태어나게 합니다.

내가 쉬지 않고 흘러가는 까닭은
당신을 만나기 위함이고,
다시 태어난 것도,
존재하는 것도,
목말라 죽는 것도,
다 당신을 사랑하기 때문입니다.

엽서 葉書

66년생 ⌒ 김문정

잎 진 숲에서 비로소 보이는

코끼리코, 사슴뿔, 노루다리, 족제비발톱, 부엉이눈, 장끼꽁지,
날다람쥐귀, 딱따구리부리, 실뱀꼬랑지, 지네발, 나비날개,
달팽이더듬이

하늘 사이 구름 사이 연못 사이 돌무더기 사이 웅덩이 사이
이끼 사이
거미줄, 벌집, 개미구멍, 지렁이똥

봄여름가을겨울 그 숲에 고요히 들던 비, 빛, 안개, 바람, 눈
그리고 당신

누운 나무는 어디로 가나요

아기의 첫 이유식 숟가락, 옹이가 손잡이인 지팡이,
햇살마저 잘 걸리는 뜨개바늘, 휜 자리 단단한 흔들의자 발,
바짝 기다리다 반짝 설레는 우편함, 바람 좋은 날 바지랑대,
칼 소리 경쾌한 도마, 실꾸리 옹기종기한 반짇고리,
한 옥타브 실로폰, 고양이 가족 마트료시카 그리고
당신의 찻잔받침

새 잎을 물고 등걸에 앉아 그다지 슬프지 않아요.

사월

70년생 ⌒ 김애리샤

꽃이 진다는 말은
이별하지 않는다는 말

꽃이 진다는 말은
반짝이는 초록들 피워낸다는 말

꽃이 진다는 말은
소중한 씨앗 한 알 잉태한다는 말

꽃이 진다는 말은
또 다른 계절을 피워낸다는 말

꽃이 진다는 말은 그래서
누군가의 가슴 속에
오래도록 지워지지 않을 열매로
단단히 새겨진다는 말

다시 만날 약속이라는 말

맞잡은 손으로 쓰는 러브레터

72년생 ⌒ 김지숙

요즘은 연애할 때 사랑의 감정을 전달하는 방법이 참 자유롭고 편한 세상이에요. 메신저를 통해 귀여운 이모티콘으로 스피디하게 알콩달콩한 마음을 보내기도 하고, 만나서도 수시로 당당한 애정표현을 하죠. 사랑의 감정을 실시간으로 전달할 수 있는 방법들이 많아져서 참 좋은 세상이라고 생각해요.

아날로그 시대에는 만나서 손 잡고 다니는 것도 쑥스럽고, 통화를 자주 하지도 못하고, 감정을 스피디하게 전달할 수 있는 방법들이 많지 않았죠. 그래서 마음에 차곡차곡 쌓아놓은 사랑의 감정들을 특별한 날 편지지에 꼭꼭 눌러 담아 수줍게 전달하곤 했는데…….

그런 러브레터의 시대를 거쳐왔던 사람이라 그런가? 이렇게 표현이 자유롭고 편한 시대임에도 불구하고 저의 사랑표현은 여전히 어색하고 어렵기만 하네요.

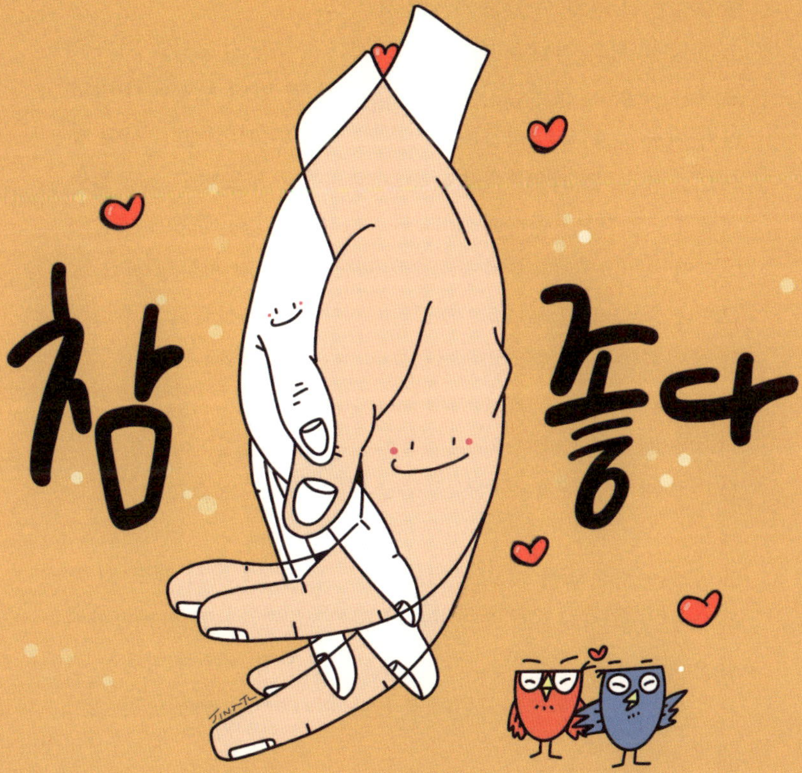
참 좋다

나름 요즘 시대 사람이고픈 어줍잖은 욕심에 세상 쿨한 사람처럼 할 말 해가며 당당하게 살려고 노력도 해보지만……. 그것 참, 그게 또 그리 어색할 수가 없어요. 또 요즘 트렌드처럼 어마어마하게 영한 연하남과 연애를 하고 있는 것도 아닌지라 제가 용기 내서 애정표현이라도 할라치면 상대방의 화들짝 놀람에 저까지 쭈뼛해지는 건 어쩔 수 없는 거 같아요.

그 사람을 처음 만났을 때가 생각나요. "독일군 장교처럼 차가워 보이는 사람"이 첫인상이었어요. 그 이후 몇 번의 모임에서 만나다가 어느 날 뒤풀이 장소에서 우연히 잡은 손(어머! 좀 구시대 방식으로 손 잡을 기회를.)이 굉장히 따듯하고 부드럽고 포근했던 거예요. 차가웠던 인상과 달리 따스했던 그 감촉 때문에 사람이 다르게 보이고, 그 다름이 끌림으로 이어져 연애가 시작이 되었죠. 그런데 둘 다 요즘 세대도 아니고 표현이 살가운 사람들도 아닌지라 좋아한다는 감정을 드러내기도 어색해요. 만나자 마자 극도로 반가움을 표현하는 요즘 세대들처럼 길거리에서 과감해지기도 어려울 때……. 그때 우리는 서로의 손을 잡고 말없이 걸어요. 맞잡은 손에 힘을 꼬옥 주면서 그동안 얼마나 보고 싶었는지 표현을 해요.

쓸데없는 자존심이 치고 들어와 서로 좀 삐그덕거릴 때도 있죠. 툭탁거린 후 사과하기 쑥스럽거나 뭔가 서운함을 말로 표현하기 참 어색할 때가 있잖아요. 그럴 때는 손을 잡고 서운한 마음을 손톱으로 꼭꼭 눌러 표현하면서 손으로 부비부비 미안했노라 얘기해줘요.

이렇게 맞잡은 손에서 전달되는 표현에 신기하게도 가슴이 콩당거릴 때가 있고, 서로 많은 표현을 하지 않더라도 맞잡은 손이 우리가 서로를 얼마나 아끼고 사랑하는지 얘기를 해줘요. 다행히도 서로 손잡는 걸 좋아하는지라, 또한 다행히 서로 손에 땀이 많지는 않은지라 한여름에도 길을 걸을 때 손을 놓지 않아요. 영화를 볼 때도 마주잡은 손으로 많은 이야기를 나눠요.

나이가 얼추 무게가 잡힌 연인들에게 있어 서로의 감정을 전달할 수 있는 가장 좋은 메신저가 맞잡은 손이 아닐까요? 그렇게 맞잡은 손으로 우린, 우리가 같이 했던 과거, 같이 있는 현재, 또 같이 만들어갈 미래를 얘기하고 있어요. 그런 시간들이 행복하고 참 좋습니다.

PS. 이런 프로젝트를 통해 러브레터를 쓰게 해주신 임진순 작가님 감사드려요.

魚
— 유영遊泳에 대한 찬미

72년생 ⌒ 김진영

가만 앉아 그대를 바라보니 참 좋소.

해가 뜨고, 노을이 붉고, 검고 푸른 밤이 왔건만
그대는 여전히 부지런하구려.
그대는 참으로 쉬지도 않고 유영遊泳을하니 진정
경지에 올라 즐기는 것 -
시간의 흐름을 그대는 잊은 것이요?
아니면 시간의 흐름을 내가 잊는 것이요?!
봄이 오고 여름이 되고, 가을을 지나 겨울이 올 때에도
나는 이렇게 그대를 바라볼 것이요.
유영遊泳의 경지에 다다른 그대가 참으로 부럽소.

가만 앉아 그대를 바라보니 나는 참 좋소.

그대는 작은 통 속 그 세계가 우주인듯 유영하는구려.
좁고 닫힘을 논하지 않는 그대가 진정 자유영혼이요.
하긴 한 평 내 한 몸 뉘일 공간이면, 작은 두 눈 감아 보이는
그곳이 바로 우주임을…….
검고 푸른 광활한 우주 - 그곳이 내 것임을…….
비로소 우주는 내 안에 있음을…….
유무有無를 논하지 않고 하나의 맘으로 유영遊泳을 하니
그대에게 안 빠질 재간이 없구려.

가만 앉아 그대를 바라보니 나는 참으로 참 좋소.

오색빛 찬란히 빛나는 그대 삼매경에 빠져 있는 나는
진정 그대 바라기요.

이제 시선을 거두어 두 눈을 감고 그대를
가슴 한 켠 작은 방에 두리라.
그 곳에서 마음껏 유영遊泳하구려.
내가 간간히 찾아가 문 드리면 환한 빛
부채꼬리를 흔들며 나를 활짝 반겨주시오.
그땐 나랑 같이 저 넓고 깊고 푸른 우주 -
그 곳을 함께 유영遊泳합시다.

그대 어-? 하며 나를 반기니
나는 어-! 하며 궁극의 답을 하고,
그대와 같은 어魚!가 되어 넓고 높고 푸른 우주를
시간도 없이, 막힘도 없이, 끝을 두지 않고 유영遊泳하리다.

* 유영(遊泳)은 헤엄치다 외에도
"즐김으로써 경지에 다다른다"라는 철학적 의미를 담고있다.

오직 님만을 사랑합니다

67년생 ⌒ 이성원

님을 기다리고 있습니다. 어느 늦은 오후 저 멀리 푸른 가을 하늘을 쳐다보면서.

이 순간은 언제나처럼 그리움에 애타는 마음뿐입니다. 하지만 또 언제나처럼 막상 내 앞에 나타나면 그 그리움이 너무나 큰 상처로 변하여 이내 고개 돌려 먼 곳을 쳐다볼 뿐입니다. 나도 모르게 입에서는 퉁명스런 말이 흘러나옵니다.

“왔어?”

하지만 마음 한쪽에선 반가움에 뜨거운 심장이 한껏 요동치며 님을 향해 반가워 달려가는 것을 느끼고 있습니다. 가슴속 깊은 골짜기에서 피어나는 아련한 연기처럼.

Together

언제나 이런 내 모습 때문에 님은 나의 반만 알고 있습니다. 또한 반만 보고 있습니다. 그리고 반만 느끼고 있습니다. 내 내면의 뜨거운 그리움, 반가움의 느낌은 모른 채 나의 투박한 말투와 멀리 하늘 향한 내 시선만 볼 뿐입니다. 그렇게 그리움이 서로에게 또 아픔으로 변해갑니다.

우리는 지금껏 30여 년을 그렇게 살아왔습니다. 하지만 이제 우리는 인생사의 반환점에 도달했습니다. 이제부턴 님을 향한 나의 모습이 달라져야 할 것 같습니다. 시선은 먼 하늘이 아닌 나의 소중한 사람에게로 향하고, 나의 말투는 마시멜로처럼 부드럽고 달콤하며, 나의 양팔은 저 하늘 뭉게구름처럼 넓게 펼쳐 님을 포근히 감싸 안아주겠습니다. 또한 가슴속 깊은 곳, 뜨거운 사랑의 활화산에서는 애정과 사랑이 반죽된 행복의 마그마를 쏟아내겠습니다.

내 소중한 사람, 더욱 소중히 여기고 사랑하겠습니다.
저기 푸른 바다에게 약속합니다.
저기 높이 떠 있는 흰구름에게 약속합니다.
진실되고 따뜻한 마음으로 님을 아껴주겠습니다.
내 앞에 펼쳐진 삶에서 언제나 지금처럼 님을 향한 마음을 고이 간직하겠습니다.
저기 붉은 저녁 노을을 손도장 인주로 삼아 엄지손가락을 치켜세우고, 팔을 뻗어 하늘을 향해 약속의 도장을 찍습니다.

"오직 님만을 사랑합니다."

꽃

55년생 ⌒ 류정이

당신의 미소가
내마음 밭에서
행복한
꽃들로
피어납니다

무술년 겨울
유즐 류정이 짓고 쓰다

그저 그런 시간의 나날들

79년생 ⌒ 배영민

누군가에 밤마다 내 이별의 아픔을 하소연하며 슬퍼하던 날들이 있었다.
그런 생활이 절정에 다다랐을 때 이렇게 계속 지내면 내가 살 수 없을 것 같아 머리를 새로 하고 옷과 책을 사들이고 무작정 걸었다.
그러다
낯선 카페에 들어가 방금 샀던 책을 읽기 시작했다. 평소에 책을 잘 읽지 않는 나는 '누군가의 글에 위로 받는다는 느낌이이런 것이구나'하고 처음으로 느꼈다. 책을 몇 시간 만에 완독하고 담배를 피우러 밖으로 나왔다.
늦봄의 기분 좋은 바람에 담배 한 모금을 내뱉을 때 주변이 보이기 시작했다. 아무 생각 없이 길을 걸을 때, 카페를 들어올 때 보이지 않았던 여러 표정의 사람들이 보이기 시작했다.
그때 문득 이런 생각을 했다.
'생각해보면 미칠 듯이 이별에 힘들었던 그 시간이 나에게만 중요한 시간이었지 남들에게는 그저 그런 시간의 하나였을지 몰라. 내가 그들을 못 보고 들어온 것처럼 그들도 내가 보이지 않았겠지. 결국, 아픔의 정도와 시간이란 온전히 자신만의 기준일뿐…….'

그날 이후 다시는 그 누구에게도 내 이별의 아픔을 하소연하지 않았다.
그리고
그녀도 잊히기 시작했다.

눈사람

77년생 ⌒ 안재철

작은 손
흰 눈물에 젖어가듯
차갑게
이 겨울은
서럽게
기억 한 켠 더듬고 있네

한 줌 태워질 생이
그저 스치는 화로 속 불빛이라
이슬 타드는 길목의
임 위하여

나는
소멸하는 별빛 하나
밝혀두기로 했네

생을 태워가는 길목으로
그대 숨소리 들려오면
닿지 못한 하얀 손
지난날은 듣고파

발자국 담긴
조그만 길목에
임 위한 희망으로 남았네

하늘과 달과 별과 그리고

69년생 ⌒ 이남식

하늘과 달과 별과 그리고
어둠에 덮힌 밤의 도시

밤의 이불을 뒤척이다
꿈인 듯 그대를 만난다

죽음과 인생과 우주를 던지며
공기돌 놀이를 하는
너를 만난다

* 그림은 故 허수경 시인(1964~2018)의
<검은 새 한 마리>에서 영감을 받아
그려졌음을 밝혀둡니다.

시절묘연猫緣

79년생 ⌒ 이민주

지구의 바다가 메마르다면
네 눈 속에 있던 바다를 떠올리련다

우주의 빛깔이 사라져 별빛 볼 수 없다면
네 눈 속에 깊은 우주 숨겨둠이니

호박보다 찬란하고
에메랄드보다 영롱하여라

오롯이 너로 인해
존재하는 삶도 있으니
주워짐은 주어짐이 되는
피할 수 없는 숙명
사랑은 가없는 행복이더라

너만큼의 당당함을 배우기엔 시절이 짧아
화살처럼 재촉하는 떠남이여
시절묘연猫緣,
무지개 너머 그 곳에 나도 함께하리니

그때의 여름비
그리고 지금의 가을비

73년생 ⌒ 이민혜

여름비가 쏟아지던 날
그는 어쩔 줄 몰라 하던 내 손을 잡고
무작정 빗속으로 들어갔습니다.

한 손으론 내 머릴 감싸 안고
한 손으론 내 어깨를 감싸 안고
그는 내 우산이 되어 주었습니다.

그땐 몰랐습니다.
그것이 사랑의 시작이었음을

너무도 모질게 대했습니다.
너무도 아프게 했습니다.
너무도 슬프게 했습니다.
너무도 힘들게 했습니다.

하지만 그와 함께 있는 나는

너무나 설레었습니다.
너무나 즐거웠습니다.
너무나 기뻤습니다.
너무나 행복했습니다.

당신을 밀어낼 때마다
내 마음이 더 아팠음을
울고 또 울고 그리움에 사무쳐
가슴이 찢어지는 고통을 느꼈음을

이것이 사랑임을 이제야 알게 되었습니다.
그때의 그 여름비가
사랑의 시작이었음을 알게 되었을 때
지금의 이 가을비는
행복으로 내 마음을 물들이고 있습니다

당신과 함께 있는 나는
이 세상에서 가장 행복한 사람입니다.
사랑이란 말이 존재하는 그날까지
당신을 사랑합니다.

가을사랑

69년생 ⌒ 함승철

화려하고 화려하고
쓸쓸하고 쓸쓸하다

누군가를 마음에 품고 있더냐
온몸으로 붉고 노랗게 타오르는구나

싫증이 났더냐, 지쳤더냐
작은 바람에도 흔들리고 떨어지는구나

네 가진 온 잎들로
형형색색 열렬히 꽃을 피우더니
그렇게 초라해지는 거냐

그게 네 사랑이더냐

한 겨울, 앙상하게
아픔을 다스리고 다스리면
불타는 사랑은
반드시 또 다시 시작될 거라고 믿는 거냐

어디 가시나

70년생 ⌒ 염동복

이리도 추운 날
어딜 그리 가는 게요…….

아무리 시리고 힘들어도
내 갈 곳이 저기라!!!

일평생 가고자 하는 곳을 향해
쉬임 없이 나아가네.

그저 행복하게 살 수 있기를…….

그리고 남겨 둘 이야기

Epilogue

100작가 프로젝트가 출간되기까지

2018년 10월 18일 점심 무렵. 페이스북에 다음과 같은 공지를 올리면서 100작가 프로젝트는 본격적으로 시작됐다.

2018/10/18 <100작가 프로젝트> Newsletter No.0

“우리 책 한 권 내실래요?”

주 - 제 그림을 좋아하시는 분. 저자가 되고 싶으신 분. 재미난 도전을 재미나 하시는 분. 재택 알바에는 관심이 있지만 고소득에는

취미가 없으신 분들만 보세요. 저랑 오프라인에서 만난 적 없는 사이라도 괜춘해요^^

제가 얼마 전부터 뭔가 재미난 기획을 해보자 마음 먹고 궁리를 떨고 있어요. 그 중 하나가 '페친 100명과 공동으로 책을 내는 것'인데 과정은 이런 식이에요. 안 바쁘시면 한번 들어나 보실래요?

1. 페북에 공유된 제 그림 중에서 마음에 드는 그림을 골라주세요. 대부분 파랑새를 그려 넣었으니 아마도 100장의 파랑새 그림이 엄선되겠죠?

2. 그 다음 파랑새가 의미하는 '행복'이라는 단어를 넣어서 글을 써주세요. 최소 2줄~최대 A4 한 장. 어려워 마세요. 좀 말이 안 된다 싶어도 괜찮아요. 일단 주시면 제가 다듬을 게요. 시를 쓰셔도 좋고, 그림평을 쓰셔도 괜찮아요. 다만 꼭 '행복'이라는 단어만큼은 꼭 넣어주세요. 당신의 진심만은 담아주세요.

3. 내지 구성은 그림 한 페이지를 좌측에, 당신의 글 한 페이지를 우측에 배열할 거에요. 글 밑에는 당신의 이름과 페북 프로필 사진을 넣을까 해요. 책이 아니라 엽서 100장 묶음이면 어때요. 아무렴 어떻겠어요.

4. 이제부터가 중요해요. 책은 자비로 독립출판을 할 거에요. 좋은 출판사를 만나면 좋겠지만 아니어도 뭐 그냥 우리끼리 내자는 거죠. 그럴 때 제작비는 1/100. 같이 나눠서 내니까 큰 부담은 되지 않을 것 같아요. 올 컬러로 했을 때 얼마나 들지는 전문가의 댓글을 기다릴게요.

5. 책 표지에는 무조건 우리 100명의 이름을 다 넣을 거에요. 공동명의로 책을 내는 거죠. 그래서 인세도 1/N로 나눌 거에요. 인세가 얼마가 될지는 모르겠지만 조금씩 적립도 해서 100명의 저자가 모이는 파티도 해보고, 액자도 만들어서 나눠 갖는 등등 재미난 오프라인 모임도 가져볼까 해요.

6. 저는 제 그림책을 얻게 되고, 여러분은 서점에 갔을 때 자신의 이름이 표지에 적힌 책 한 권을 얻게 되는 게임이에요. 팍팍한 세상에 행복의 파랑새 100마리를 풀어놓는 일이기도 해요. 100명이 생각하는 행복론! 서로 위로하고 위로 받는 일이기도 할 거에요. 물론 교보문고 문턱을 넘지 못할 수도 있고, 인세가 자비 출판비용에 모자랄 수 있어요. 책은 아무나 내냐? 라는 질타를 들을 수도 있죠. 네, 맞아요. 아무나. 우리는 아무나죠. 하지만 100명의 아무나는 결코 무시할 수 없을 걸요? 주변에 10권씩만 선물해도 금세 1000권! (너무 순진무구한가?) 일단 저희 부부와 오시환 쌤은 낙찰이니 97명만 모으면 되는데…….

출판 관계자 분들은 조언을 좀 해주세요. 이런 짓 하지 마라! 라던가. 도움을 주마! 라던가.

♥ 참가를 희망하시면 순서대로 번호를 달아주세요. 책에 글 싣는 순서는 가나다 순입니다. 무한공유 부탁드려요.
문의 soon8983@naver.com

결과는? 그야말로 대박이었다. 결국 4시간 후 다음과 같은 포스팅을 올렸다.

2018/10/18 <100작가 프로젝트> Newsletter No.1

"우리가 직접 책을 만듭시다!"

4시간 동안 40분께서 동참하셨습니다. 집단 지성의 행복론!! 정말 기대됩니다. 함께 하실 분들 중에는 오프라인에서 뵌 적도 없는 분들이 태반입니다. "나도 저자가 되고 싶다!"라는 꿈이 있다면 절 믿고 따라오세요. 다시 한 번 강조하지만 자비출판의 경우 비용이 발생할 수도 있습니다. 나중에 비용이 산출되고 나서 그때 포기하고 탈출하셔도 됩니다. 일단 의지만 불태우세요. 그래서 120명까지 예비로 모집할 생각입니다(음, 무슨 다단계 같구먼). 100명이 인세를 나누니까 10원 단위부터 시작할 것 같다는 말씀도 드립니다. 전국 각지에 흩어진 100명의 홍보요원이 열심히 활동하게 될 책! 멋지지 않나요? 그럼 이만.

뉴스레터는 그날 밤에도 계속해서 이어졌다. 댓글이 폭주 또 폭주하여 뉴스를 올리지 않을 수 없었다.

2018/10/18 <100작가 프로젝트> Newsletter No.2

1. 아마 머뭇머뭇하시는 분들도 계실 거라 믿어요. "내가 왕년에 문학을 꿈꾼 적이 있었지……" 하시는 분들이요. 그런 분들에게 이제 왕년은 그만 찾고 금년을 찾아보자고 제안드려요. 꿈이 밥 먹여주냐? 고 하시는 분도 있겠지만 그것도 자꾸 먹다 보면 내 입맛에 맞지 않을까요? 그럼 된 거죠. 맛있으면 칼로리 제로.

2. (부부, 자녀 등) 가족 단위로 신청하신 분들이 있으리라곤 생각도 못했어요. 그래서 드는 생각인데 연로하신 부모님께도 기회를 드려보세요. 쓰시라고 하면 겁을 내시니까 가볍게 대화하시면서 녹음을 하세요. 사투리를 쓰신다면 그대로 살리시구요. 철자가 틀리면 또 어떻겠습니까. 나중에 당신 존함이 적힌 책을 선물로 드리면 무척 좋아하시지 않을까요? 반대로 청소년들에겐 평생 간직할 만한 추억이 될 테구요.

2018/10/19 <100작가 프로젝트> Newsletter No.3

(속보) "나도작가협회" 회원 62명 성명 발표.
<100작가 프로젝트> 완수를 위해 매진할 터!

2018/10/20 <100작가 프로젝트> Newsletter No.4

1. 드디어 70고지를 돌파했습니다(토요일 4시 현재 74명). 80고지를 넘어서면 본격적으로 다음 수순을 밟겠습니다. 일단 진행하다 보면 100작가! 완성되겠죠. 기성작가분들도 모시고 싶으나 그건 아무래도 어렵겠죠? 아무튼 숨은 30인을 기다립니다. 절대 글쓰기가 두렵다고 도전을 접지는 마세요!

2. 출판사 두 곳과 통화를 했는데 재미난 기획이라는 반응입니다. 특히 제작비 자부담과 100명의 작가가 동시에 세일즈맨이 된다는 것을 좋아하는군요. 원고가 얼추 모이면 적극적으로 출판사를 찾아보겠습니다. 모토는 저비용 고효율!! 비용과 조건이 안 맞으면

그냥 독립군합니다. 아무튼 주변에 출판사와 연계되시는 분들은 연락바랍니다.

3. 크라우드 펀딩하는 후배에게도 좋은 아이디어가 될 수 있는지 고민해봐달라고 했습니다. 저희가 제작비 절반을 모으면 나머지 절반을 매칭하는 방식입니다. 이 역시 주변에 관계자 있으시면 제안 부탁드립니다.

4. 말씀 드렸다시피 모든 것이 1/n입니다. 일러스트비, 기획료 이런 거 없습니다. 제가 대표로 출판사와 계약을 할테니까 돈을 모으고 나누는 일을 하게 될테죠. 서로 일면식도 없는 100명이 돈을 주고받게 되는 일을 하게 되면 잡음이 발생할 수도 있다는 예상, 하고 덤비는 일입니다. 근데 왜 하냐면… 재밌을 거 같아서요. 재미 없으면 인생이 아니죠. 장난처럼 하진 않겠으나 궁서체 다큐로 언성을 높이는 일은 부디 없기를. 그럼 또 소식전할게요.

2018/10/24 <100작가 프로젝트> Newsletter No.9

172장의 그림을 추려서 100작가 프로젝트라는 사진첩에 올렸습니다. 12시 정각에 친구공개로 전환되었으니 마음에 드는 그림 밑에 "이거요!"라고 댓글을 다시면 됩니다. 1인 1컷을 원칙으로 하는데 혹시 마음에 드는 다른 그림이 있으면 "2빠!" 라고 적으시면 되겠습니다. 취소 등의 변수 발생시 참고하겠습니다.

자신의 글 옆에 들어갈 그림을 고르는 순간이 가장 재미있었다. 긴장, 흥분, 환호가 이어지는 순간이었다. 그림을 고를 수 있

는 시간인 12시 이전부터 미리 연락을 취해 "그 그림은 꼭 나를 줘!"라고 하는 지인들도 있었고, 미리 점 찍어둔 그림을 뺏기자 모르는 사이인데도 "이 그림 나한테 양보하시면 안되겠냐?"고 댓글을 다는 분들도 계셨다. 신기하게도 '설마 이런 그림을 택하는 사람이 있을까? 구색이나 맞추자'하면서 올린 그림에 두세 명이 "이거요!"를 외치기도 했다. 다양한 생각! 이 책의 기획 의도가 그대로 실현되는 순간이었다.

2018/10/27 <110작가 프로젝트> Newsletter No.11

10일만에 100작가 돌파! 현재 102명인데 예비로 110작가까지만 모십니다.

결과적으로 110명까지 접수를 받은 것은 잘한 일이었다. 그림까지 골라놓고도 원고를 쓰지 못하는 분들이 있었다. 의욕은 있지만 막상 글을 쓰려고 하니 마음처럼 되지 않았던 것이다. 세상에 선보일 글인데 쑥스럽다며 포기하신 어떤 분께는 여러 차례 카톡으로 용기를 북돋아드리면서 원고를 받아내기도 했지만 110명 모두를 억지로 끌고 갈 수는 없는 노릇이었다.

2018/11/28 <100작가 프로젝트> Newsletter Ver2 No.2

1. 드디어 출판사가 결정되었습니다. 일단 박수부터 짝짝짝! 정말 이게 말이 되나 싶을 정도로 일이 빠르게 진행되고 있습니다. 40일만에 원고가 거의 다 모이고, 샘플 원고도 없이 출판 계약을

하다니!

그동안 여러 출판사를 접촉했었는데요. 재미있다! 그러나 그게 되겠느냐 / 몇 권이나 사줄 거냐 / 원고의 질을 보고 검토하겠다 / 초보자들이고 컬러 책이라 인세를 많이 줄 수가 없다 / 남는 게 없을 것 같다 / 제작비가 1500만 원 정도 들 것 같다(1인당 15만원씩 내라) 등등의 안티한 시선 및 까다로운 조건도 있었습니다. 그런데 이 출판사는 다른 일로 만났다가 이 기획을 듣더니 그 자리에서 열정적으로, 속된 말로 덥썩! 물으셨습니다. 일단 그림이 좋고 푸하하. 기획이 참신하며 음하하. 100명이 열정적으로 움직인다는 점에 매력을 느꼈다고 합니다.

암튼 최종적으로 두 곳이 꼭 하고 싶다는 의향을 밝히셨고(그것도 자비출판이 아닌 인세계약으로!), 또 다른 한 곳 기획사는 출판 진행을 하고 싶다고 하셨습니다. 그 세 곳 중에서 가장 열정적으로, 가장 먼저 덥썩!! 물으신 출판사와 하기로 했습니다. 제가 개인적으로 first option을 중요시 하는 터라, 출판사의 역량은 보지 않았습니다. 마치 저희 100작가님들처럼 숨도 쉬지 않고 "일단 앞으로 돌진!"을 외치는 곳과 하기로 한 것입니다. 다시 박수 짝짝짝!

2. 향후 진행. 출판사가 100작가님들과 일일이 계약을 진행할 수 없기 때문에 제가 대표작가로 계약을 진행합니다. 따라서 인세가 발생하면 제가 수취한 후 각 작가님께 송금하는 방식이 될 것입니다(아이구 죽었다). 제가 좀 착한 넘이기 때문에 100억 정도가 아니라면 스윽~ 할 생각이 없으니 믿고 가셔도 되겠습니다. 해외 계좌만 갖고 계신 분은 송금수수료가 있으니 아주 많이 모인 다음 보내드리겠습니다.

3. 요청 사항. 제가 곧 어떤 확약서같은 것을 만들어 보내드릴 것입니다. 여러분의 원고가 여러분의 것임을 확인해주셔야 하며, 이로 인해 발생하는 저작권 등의 문제는 스스로 책임진다는 등의 내용입니다. 자필 사인을 하시어 통장사본과 함께 보내주십사 요청을 드릴 것입니다. 그러하오니 지금이라도 혹시 문제가 있는 분은 메일을 주시기 바랍니다.

출판사 접촉 등의 진행상황을 늘 공개했다. 모두 즐겁자고 한 일인데 괜한 오해를 받고 싶지 않아서 가능한 모든 것을 오픈했다. 사실 접촉했던 출판사들이 공통적으로 "100작가들이 어떤 성향을 가진 사람인지 알 수가 없어 걱정"이라고 했다. "남의 글 몰래 카피한 사람이 있을 수도 있어요. 저작권 문제가 발생하면 임 작가님이 책임지실 건가요? 나중에 인세가 왜 적냐, 책이 왜 이러냐, 당신 혼자 뭘 먹었냐 하면서 고소고발하는 사람이 있을 수도 있어요."
우려와 달리 오늘 이 시점까지는 불미스러운 일이 없었다. 앞으로도 없을 것이라 믿는다. 나는 사람을 믿는다.

2018/12/1 <100작가 프로젝트> Newsletter Ver2 No.3

1. 출판사를 만나 계약 사항을 조율하고 나오는 길입니다. 초딩부터 팔순 넘은 어르신까지, 여러분은 이제 누가 뭐래도 작가님! 또 박수 세 번. 셀프등단 축하축하!

2. 작가. 어떤 이의 오래된 꿈이었을지도 모릅니다. 그 dreams come true에 제가 일조를 했다면 저는 만족합니다. 이 프로젝트를 계기

로 잊었던 꿈을 되찾으셨다면 저는 또 행복합니다. 우리 엄마아빠가 작가야! 라며 아이들이 행복해 한다면 제가 정말 더 없이 행복할 겁니다. 가진 게 별로 없어 힘든 겨울이지만 오늘은 정말 행복하네요. 100작가님들 덕분에~~

2018/12/10 <100작가 프로젝트> Newsletter Ver2 No.5

주말을 기점으로 100작가의 원고가 모두 도착하였습니다. 수정사항 등 피드백 역시 모두에게 드렸습니다.

2019/5/9 오래간만에 올리는 <100작가 프로젝트> Newsletter

드디어 머리글을 넘겼습니다. 오잉? 이제? 라고 하시겠지만 이제 진짜 끝났다는 뜻이기도 합니다.

파랑새를 찾아서

69년생 ⌒ 임진순

1.

카메라 회사 캐논Canon의 초창기 이름은 콰논Kwanon이었다. 한문으로 쓰면 관음인데 몰카의 그 관음觀淫이 아니라 관세음보살의 관음觀音이다. 캐논의 창업주 요시다가 독실한 불자라서 이렇게 작명한 것인데 훗날 글로벌 마케팅을 위해 지금의 쉬운 발음으로 바뀌었다.

관음보살은 자비로서 중생을 구제하는 보살이다. 한자로 보자면 관(세)음은 '세상의 소리를 본다'는 뜻이다. 『법화경法華經』에는 "위험에 빠지거나 난을 당한 중생이 그 이름을 부르기만 하면 그 음성音聲을 관觀하여 다양한 모습으로 나타나 구원해준다"고 되어 있다(그런데 왜 내게는 안 오시나).

2.

의상대사가 그 관음보살을 알현하기 위해 강원도 양양에 도착했다. 그곳에서 파랑새가 석굴 안에 들어가는 것을 보고 이상히 여겨 굴 앞에서 밤낮으로 기도를 올렸다. 7일 후 바다 위로 붉은 빛깔의 연꽃, 즉 홍련이 솟아오르고 그 속에서 관음보살이 나타나 친견할 수 있었다. 이에 홍련암紅蓮庵이라는 암자를 지었는데 그것이 낙산사의 모태가 되었다.

그 이후 파랑새를 관세음보살의 전령사라는 의미로 관음조라 부르기 시작했다. 그래서 낙산사의 템플스테이 공식명칭이 "파랑새를 찾아서"다(올해는 꼭 템플스테이에 도전해야지).

3.

이번에는 원효대사가 의상대사를 만나기 위해 낙산사로 길을 떠났다. 남쪽 들녘에 이르렀을 때 벼를 추수하는 여인에게 농담으로 벼를 달라고 말했다. 그랬더니 여인도 벼가 흉년이 들었다고 농담으로 대답했다. 원효는 무안해서 껄껄 웃으며 자리를 떴다. 이번에는 시냇가에 이르자 한 여인이 생리혈이 묻은 옷을 빨고 있었다. 그 여인에게 마실 물을 청하자 여인은 빨랫감을 담았던 물을 떠주었다. 원효는 깜짝 놀라 쏟아 버리고 손수 깨끗한 물을 떠서 마셨다.

그때 소나무 위에 있던 파랑새가 원효에게 "단념하라"는 말을 남기고 푸드득 날아갔다. 그 소나무 밑에는 신발 한 짝이 있었다. 이윽고 원효가 절에 도착했을 때 앞서 본 신발의 다른 한 짝이 관음상 밑에 있었다. 길에서 만난 여인들이 바로 관음보살의 진신眞身이었던 것이다(역시 파랑새는 위대하다).

4.

예로부터 파랑새는 행운을 가져다 주는 새라고 했다. 집안에 들어와 둥지를 틀면 집안과 마을에 좋은 일이 생긴다고 하여 떡을 해서 이웃에게 돌리는 풍습이 있었다.

동학농민운동을 다룬 민요에도 파랑새가 등장하는데 그 유명한 "새야 새야 파랑새야 녹두밭에 앉지 마라~"가 그것이다. 여기에도 어떤 썰이 존재하는데 파랑새의 어원이 팔왕八王이라는 것이다. 팔八과 왕王을 합치면 전全이 되니 전봉준 장군이 바로 파랑새라는 것.

서양에서도 파랑새는 행복을 전하는 길조로 통한다. 벨기에의 명작동화 <파랑새>는 크리스마스를 앞둔 어느 날, 어린 남매가 자신의 병든 딸에게 행복을 주기 위해 파랑새를 찾아달라는 요술할머니의 부탁을 받고 길을 떠난다는 내용이다. 그렇지만 어디에도 파랑새는 없었고 지쳐서 집으로 돌아와 보니 그토록 찾아 헤매던 파랑새가 사실은 자기집 새장 안에 있는 비둘기였다는 얘기다. 행복은 멀리 있지 않고 늘 가까이에 있다는 주제의 이 동화는 전 세계 아이들의 사랑을 받고 있다(부럽다. 100년 동안 베스트셀러라니).

5.
일반적인 현상을 비틀어서 분석하고 멀쩡한 사람들을 범주화시키기 좋아하는 전문가들은 현재에는 흥미를 느끼지 못하고 장래의 막연한 행복만을 추구하는 사람들의 성향을 가리켜 파랑새 증후군이라고 부른다. 특히 한 직장에 안주하지 못하고 여기저기 옮겨 다니는 샐러리맨을 분석할 때 이 용어를 많이 사용한다(그래서? 그게 뭐? 꼭 현실에 안주해야 한다는 거야? 불평하지 말고 다니라고?)

6.
대한민국 서울에 사는 일러스트레이터 임 모씨는 그림을 그릴 때마다 파랑새를 그려 넣는 것으로 유명하다. 그는 파랑새, 일명 파롱Pawrong이의 탄생 설화를 다음과 같이 설명했다.
"2013년. 취미 삼아 그림을 그리고 있을 때였다. 그리기 쉬운 동물이 없을까 하다가 찾은 것이 새였다. 그냥 파란 바탕에 라인으로만 그린 새였는데 우연히 그 그림을 본 배우 문성근씨가 노무현재단에 소개했다. 그 결과 2014년 고 노무현대통령 5주기 추모 손수건 디자인 작업으로까지 이어졌다. 무명의 작가가 그런 큰 작업으로 데뷔했으니 파랑새가 행복을 가져다 주는 길조라는 말이 맞는 것 같다."

7.
2018년 가을, 페이스북에서 만난 100명의 사람들이 파랑새를 좇아 작가라는 꿈을 이뤘으니 정말로 파랑새는 행복을 가져다 주는 길조인 것일까?
아니, 꼭 그런 것만은 아닌 것 같다. 따지고 보면 100작가 여러분이 손에 거머쥔 행복은 파랑새가 그냥 물어다 준 것이 아니다. 임 작가가 전해준 것도 물론 아니다. 용기를 내서 100작가 프로젝트에 뛰어들었고, 나만의 글을 썼고, 그 결과 책이 나올 수 있었던 것이다. 그 성취감을 행복이라 부를 수 있다면 스스로 행복을 만들어낸 것이다. 파랑새는 그저 거들었을 뿐이다.

임 작가의 "파랑새를 찾아서"는 쉬지 않는다. 오늘도 어김없이 파랑새를 그린다. 그 파롱이를 방금 여러분의 새장 속에 포스팅했으니 날아가지 않게 꼭 잡아두시길.

34년생부터 09년생까지,
행복이라는 예술을 이야기하다

이웃사촌이라는 말이 있지요.
요즘은 페이스북, 트위터 등 소셜네트워크서비스SNS에서 맺은 이웃사촌들과 나의 생각과 생활들을 더 친밀하게 공유하기도 합니다. 인간적인 연결고리들이 점점 멀어지고 있는 온라인 시대에 페이스북 친구 100명과 함께 행복에 대하여 글을 쓴다는 소식은 매우 신선했고, 아직 이 시대에 사람에 대한 그리움들이 있다는 것을 느낄 수 있었습니다. '글림'작가로 불리는 임진순 작가님을 만나 책을 내는 취지를 들었고, 임진순 작가님의 그림은 너무도 따뜻하고, 작가가 되고자 하는 100명의 열망이 편집자에게도 뜨겁게 전해져 왔습니다.

2018년 가을부터 '100작가 프로젝트'가 시작되고 이렇게 책으로 탄생하기까지 쉽지 않은 여러 과정이 있었지만 행복에 대한 기원을 담은 100작가의 긍정의 기운이 책 안에도 듬뿍 담겼고 이 책을 읽는 독자들에게도 스며들기를 바라고 있습니다.

100작가의 글은 너무도 진솔합니다. 누구에게 보여주고자 멋을 부린 글이 아니라 나의 마음을 온전히 드러낸 글이기에 읽으면서 웃기도 하고 때론 눈시울이 붉어지기도 했습니다.

1934년 여든다섯 살 작가님부터, 2009년 열 살 작가님까지, 이 책은 우리 인생 그 자체입니다. 내가 그 나이에 겪은 일들을 다른 사람들도 같이 겪고 있구나. 이런 생각에 위로를 받기도 했습니다.

행복이란 무엇일까요?
나도 행복할 수 있을까요?

100작가들은 속삭이듯 고백합니다.
"행복은 늘 내 곁에 있어."

대표에디터 정윤희

행복은 늘 내 곁에 있어

파랑새가 이어준 페이스북 친구
100명이 들려주는 진솔한 인생 이야기

1쇄 인쇄 2019년 5월 15일
1쇄 발행 2019년 5월 24일

지은이
그림 임진순
글 강덕훈, 강명희, 강성규, 강태훈, 고영주, 곽예신, 곽의신, 곽희철, 권미경, 김대환, 김동현, 김문정, 김병관, 김선욱, 김세호, 김애리샤, 김영우, 김유경, 김은한, 김정수, 김주희, 김지숙, 김진영, 김진철, 김철수, 김현진, 김효진, 나일선, 류정이, 민영주, 박동명, 박시호, 박영이, 배경환, 배명희, 배영민, 백은재, 백지연, 소락, 송주원, 신종호, 안재철, 염복동, 오시환, 유명상, 윤서현, 윤혜진, 이경희, 이계덕, 이광영, 이규민, 이남식, 이동하, 이동현, 이미경, 이민주, 이민혜, 이병헌, 이상록, 이성원, 이승훈, 이영미, 이영철, 이영철, 이은선, 이은실, 이은주, 이장규, 이정민, 이채현, 이화배, 임국희, 임서진, 임세준, 임세현, 임수열, 임진순, 임채현, 장성원, 전대성, 전종윤, 정미양, 정소영, 정한신, 정해정, 조용훈, 주경, 진혜련, 채수환, 최정훈, 하미라, 하솔, 한경희, 한성희, 한유진, 함승철, 황규연, Kevin DC Chang, SK21, YJ Chang

펴낸이 정윤희
편집·홍보 윤재연
디자인 임유민

펴낸 곳 카모마일북스(카모마일북스는 피알엔코리아(주)의 단행본 브랜드입니다)
출판등록 제2016-000373호
주소 서울시 강남구 남부순환로 2645 한독빌딩 406호
전화 02-313-3063 **팩스** 02-3443-3064
블로그 blog.naver.com/prnkorea1
이메일 prnkorea1@naver.com

값 15,000원 ISBN 978-89-98204-63-1 03810

○ 이 도서의 국립중앙도서관 출판예정도서목록(CIP)은 서지정보유통지원시스템 홈페이지(http://seoji.nl.go.kr)와 국가자료종합목록시스템(http://www.nl.go.kr/kolisnet)에서 이용하실 수 있습니다. (CIP제어번호 : CIP2019018489)

카모마일북스는 인문, 예술, 문화분야의 책을 출판하는 피알엔코리아(주)의 단행본 브랜드로 우리사회에 향기로운 책을 내고자 노력하고 있습니다.